Vainqueurs et vaincus

Lendemains de crise

DU MÊME AUTEUR

La Puce, les Hommes et la Bombe : l'Europe face aux nouveaux défis technologiques et militaires, en collaboration avec Pascal Boniface, Hachette Littératures, 1985.

Les Volontaires de l'an 2000, Balland, 1995.

The Future of Warfare, Orion, 1997.

Hyperterrorisme, la nouvelle guerre, en collaboration avec la Fondation pour la recherche stratégique, Odile Jacob, 2001.

La Fin de l'Occident ? L'Amérique, l'Europe et le Moyen-Orient, Odile Jacob, 2005.

Le Terrorisme en France aujourd'hui, en collaboration avec Jean-Luc Marret, Éditions des Équateurs, 2006.

L'Épaisseur du monde, Stock, 2007.

Iran, le choix des armes ?, Stock, 2007.

Après Al Qaida. La nouvelle génération du terrorisme, Stock, 2009.

François Heisbourg

Vainqueurs et vaincus

Lendemains de crise

Stock

Partis pris

Ouvrage dirigé par
François Azouvi

ISBN 978-2-234-06395-2

CRISE ÉCONOMIQUE ET ACCÉLÉRATION DE L'HISTOIRE

Les grandes ruptures planétaires que constituent les guerres, les épidémies, les désastres naturels ou de soudaines percées technologiques ont un double effet sur les rapports de force entre acteurs du système international. En premier lieu, elles renforcent les uns et affaiblissent les autres de façon directe. Un pays ayant su capter une innovation technologique (par exemple la découverte de la fission nucléaire à la fin des années 1930) se trouvera dans une situation stratégique avantageuse : les États-Unis avaient ainsi su maîtriser l'atome à des fins militaires pendant la Seconde Guerre mondiale alors que le IIIe Reich avait fort heureusement échoué. Ce type de causalité s'applique en maintes circonstances, que la rupture soit le produit d'un progrès technique, d'un coup du sort (telle une catastrophe naturelle) ou d'actes de destruction tel qu'une guerre ou des attaques terroristes d'envergure. En second lieu se déploient les effets indirects, lorsque la rupture induit des tendances, réelles ou apparentes, demeurées jusque-là à l'arrière-plan, modifiant les perceptions et les anticipations des différents acteurs du système international. Pendant les années 1930, l'image de l'URSS de Staline s'est beaucoup appréciée dans le monde non du fait de ses performances économiques et sociales (caractérisées dans la réalité par la collectivisation forcée, la famine, le goulag et les purges), mais en raison de son immunité supposée face à l'effondrement des économies capitalistes après le krach de 1929.

Ces remarques génériques valent *a priori* aussi pour les ruptures de nature économique, et l'on montrera ici que tel est le cas pour la « Grande Récession » de 2008-2009 qui pèse sur les rapports de force internationaux – et parfois avec vigueur.

L'affirmation mérite dans un premier temps d'être confrontée aux données historiques, avant d'observer en quoi la crise actuelle a des retentissements stratégiques profonds, et pas seulement dans les domaines financiers, économiques et sociaux.

Historiquement, les crises bancaires, financières ou économiques n'ont pas toutes des effets stratégiques notables. Les grandes défaillances bancaires et financières européennes (1857, 1873 notamment) et américaines (1893, 1907) n'ont pas eu de conséquences évidentes sur les rapports de force internationaux, même si elles ont pu avoir des effets différés et indirects. Ainsi, l'antisémitisme « racial » qui se fait jour dans les pays germaniques au sortir de la crise bancaire de 1873 aura une influence durable sur le cours des événements politiques et militaires quelques décennies plus tard. Certaines crises économiques sont associées à des bouleversements stratégiques, comme le choc pétrolier qui a provoqué en 1973-1974 la première récession de l'ensemble des pays industrialisés depuis la Seconde Guerre mondiale. Dans ce cas, c'est le changement des rapports de force stratégiques entre pays producteurs et consommateurs qui, du fait de l'embargo pétrolier et du quadruplement du prix du pétrole, conduit à la crise économique − et non le contraire. Il en va de même pour la « stagflation » (inflation forte, croissance faible) du début des années 1980 en Europe et aux États-Unis. Elle a été la conséquence et non la cause de la rupture stratégique que constitue la révolution iranienne en 1978-1979 et la guerre Irak-Iran de 1980, lesquelles se sont traduites par le doublement du prix du pétrole.

Parmi les huit précédentes récessions américaines depuis un demi-siècle, on aura du mal à identifier une rupture stratégique ; le plus souvent, ces récessions étaient vécues par les Américains comme la respiration naturelle d'une économie capitaliste admettant et acceptant mieux que l'Europe sociale-démocrate la notion de cycles économiques. À l'exception cependant de la sévère purge économique de 1982, qui avait vu le taux de chômage grimper à près de 11 %, et un creux trimestriel de croissance de − 6,4 %[1], comparable au − 6,3 % du quatrième trimestre 2008, ces récessions étaient par ailleurs relativement bénignes, et toutes étaient courtes. Une de leurs caractéristiques les plus visibles, mais aussi les plus frivoles, a été d'encourager la floraison récurrente d'une « littérature décliniste » qui prévoit

---

1. Transposition en rythme annuel.

à chaque récession le déclin supposé inéluctable des États-Unis.

À l'inverse, la crise de 1929 est réputée à juste titre avoir remodelé de façon substantielle les relations entre nations : montée des totalitarismes et avènement du nazisme, remise en cause de l'ordre international issu des « traités de la banlieue parisienne » (Versailles bien entendu, mais aussi Neuilly, Trianon, Saint-Germain et Sèvres[1]), le tout débouchant sur la guerre la plus meurtrière de l'Histoire. Cependant, l'actuelle crise économique et sociale est très loin d'être aussi sévère que ne l'était devenu la Grande Dépression dix-huit mois après l'effondrement de Wall Street en octobre 1929. Certes, des conséquences néfastes et imprévues sont toujours possibles, mais aujourd'hui, si l'on peut conjecturer que les effets stratégiques de la crise actuelle seront importants, profonds et durables, ils ne s'accompagneront probablement pas du collapsus économique des années 1930, période pendant laquelle les PIB américain et allemand chutèrent d'environ 25 %.

---

1. Traités signés respectivement avec l'Allemagne, la Bulgarie, la Hongrie, l'Autriche et la Turquie ottomane.

Par ailleurs, les exemples abondent de crises économiques locales ou régionales ayant modifié substantiellement le positionnement des pays concernés par rapport à leurs partenaires ou rivaux. Ainsi en va-t-il de la longue crise japonaise des années 1990, consécutive à l'éclatement d'une bulle spéculative, boursière et immobilière : l'indice Nikkei, qui culminait à 38 957 points à la fin de 1989, est tombé jusqu'au quart de ce niveau. Depuis le début des années 1990, le Japon a vécu une période de stagnation économique qui a signé la fin des prévisions concernant son accès au rang de superpuissance, de rivale des États-Unis. À l'irrésistible ascension tout au long des années 1970 et 1980 a succédé la perception de l'échec – et avec elle s'est évanouie l'option stratégique d'un ordre mondial reposant sur la « trilatérale », ou la « triade » américano-euro-nippone. Pendant les années 1980, c'était la perspective d'une telle « triade » face à l'URSS qui fut la vision géopolitique et géoéconomique dominante.

Toujours en Asie, la brutale crise financière et économique de 1997-1998, avec des chutes de production majeures (– 6,7 % en Corée du Sud, – 10,5 %

en Thaïlande, − 13 % en Indonésie en 1998) et des krachs bancaires en série, a débouché sur une modification substantielle de l'ordre régional : consolidation de la démocratie en Corée du Sud et à Taïwan, et surtout fin de la dictature en Indonésie, 1er pays musulman, 4e pays le plus peuplé du monde. Cet enjeu stratégique est de première importance, et pas seulement à l'échelle régionale. Avec + 4 % de croissance en 2009, l'Indonésie démocratique aura traversé avec succès la Grande Récession.

Pourtant, les crises des années 1990 en Asie, mais aussi en Amérique latine et en Russie, ont été régionales, et non mondiales, même si on peut en tirer des enseignements par rapport à la Grande Récession de 2008-2009.

Il faut étudier les caractéristiques propres de l'actuelle crise pour comprendre en quoi celle-ci a transformé les rapports de force entre États. La combinaison de ces caractéristiques donne à la Grande Récession un potentiel élevé de transformation du paysage international.

Tout d'abord, la crise est mondiale. En 2008-2009, pour la première fois depuis la Seconde

Guerre mondiale, la production mondiale aura baissé sur plusieurs trimestres successifs. Cette crise de la production est aussi une crise des échanges internationaux, avec une contraction de 2 % du commerce mondial en 2009. De même, au plus fort de la crise les investissements transfrontières sont tombés de plus de moitié, passant d'un flux de plus de 600 milliards de dollars au 4e trimestre 2007 à moins de 300 milliards au 1er trimestre 2009.

La crise est également différenciée : elle affecte les pays et les zones régionales dans des proportions variées, notamment en termes de taux de croissance comparés.

Pour s'en tenir aux premières économies mondiales classées par ordre d'importance du PIB, nous nous reporterons aux taux de croissance sur l'année s'écoulant de la mi-2008 à mi-2009[1] :

---

1. Moyenne annuelle en glissement du 1er juillet 2008 au 30 juin 2009. Sources : comme pour les tableaux et chiffres qui suivent, les données sont un composite des statistiques du FMI, de la Banque mondiale et d'origine nationale.

Pays	Évolution du PIB en valeur des taux de change du 01/07/2008 au 30/06/2009
États-Unis	– 3,9 %
Zone euro	– 4,8 %
Japon	– 6,4 %
Chine	+ 7,9 %
Allemagne	– 5,9 %
France	– 2,6 %
Royaume-Uni	– 5,5 %
Italie	– 6,0 %
Russie	– 10,9 %
Canada	– 3,2 %
Brésil	– 1,2 %
Inde	+ 6,1 %

Ensemble, ces pays représentent près des trois quarts du produit mondial brut.

Le décalage entre la meilleure performance (Chine) et la plus mauvaise (Russie) est de 18,8 points.

Ces écarts, s'ils se confirmaient dans la durée, auraient un impact durable sur les rapports de force entre les acteurs du système international.

La mesure du « coup de frein » est non moins parlante :

Principales économies mondiales classées selon l'importance de leur PIB	Croissance 2007	Ampleur du « coup de frein » de l'année mi-2008 à mi-2009 par rapport à l'année 2007
États-Unis	+ 2,0 %	– 5,9 %
Japon	+ 2,4 %	– 8,8 %
Chine	+ 11,4 %	– 3,5 %
Allemagne	+ 2,5 %	– 8,4 %
France	+ 2,1 %	– 4,7 %
Royaume-Uni	+ 3,1 %	– 8,6 %
Italie	+ 1,4 %	– 7,4 %
Russie	+ 8,1 %	– 19,0 %
Canada	+ 2,7 %	– 5,9 %
Brésil	+ 4,2 %	– 5,4 %
Inde	+ 9,0 %	– 2,9 %

Tous les États ont subi au moins un ralentissement de leur croissance.

Ces tableaux seraient encore plus sévères si était couverte pour chaque pays la période exacte du creux de récession le plus prononcé (le plus souvent le 4ᵉ trimestre 2008). La crise est non seulement mondiale, mais elle existe pour tous, fût-ce à des degrés très divers.

Dans certains pays, la crise aura été d'une sévérité comparable à celle de 1929, avec des baisses de plus de 10 % du PIB et des coups de frein pouvant dépasser les 20 % :

Pays (et rang dans l'économie mondiale en 2008)	Taux de croissance 2007	Taux de croissance annuel au 4ᵉ trimestre 2008	Ampleur du coup de frein
Mexique (13)	+ 3,2 %	− 10,3 % (2ᵉ trimestre 2009)	− 13,5 %
Ukraine (45)	+ 6,9 %	− 8 %	− 14,9 %
Singapour (46)	+ 7,5 %	− 16,9 %	− 24,4 %
Lituanie (75)	+ 8,9 %	− 10,9 % (1ᵉʳ trimestre 2009)	− 20,8 %
Lettonie (81)	+ 10,2 %	− 10,5 %	− 20,7 %
Estonie (91)	+ 7,9 %	− 9,4 %	− 17,3 %

Un tel degré de violence économique et sociale a toutes les chances de provoquer des traumatismes politiques. Ceux-ci auront à leur tour des conséquences stratégiques si les pays concernés se trouvent placés au voisinage d'une ligne de faille géopolitique : tel est le cas de la plupart des pays cités, notamment ceux situés aux confins de l'Union européenne et de la Russie.

La crise actuelle se distingue aussi par son caractère polymorphe : elle est à la fois financière, bancaire, boursière, immobilière, économique, sociale, budgétaire. La plupart des classes d'actifs ont été impliquées, de la chute brutale du prix des matières premières (le baril de pétrole passe en 2008 de 147 à 37 dollars en l'espace de six mois) à l'effondrement de près de moitié du marché mondial des actions de mars 2008 à mars 2009 en passant par l'immobilier, avec une chute de l'ordre du tiers pour l'indicateur national américain Case-Schiller entre 2006 et le printemps 2009. Dans les années suivantes, les indicateurs se trouvant en aval en subissent le contrecoup : d'abord la contraction de la production économique et du commerce international (généralement jusqu'à la mi-2009), ensuite le choc social, enfin le tsunami budgétaire. Pour sauver le système financier et bancaire de l'implosion, le déficit budgétaire américain se creuse de − 3,4 % du PIB en 2007[1] à − 11,9 % en 2009 ; aux mêmes dates, le déficit japonais s'aggrave de − 7 % à − 7,7 % ; pour l'Allemagne,

---

1. L'année budgétaire américaine s'étend d'octobre à septembre celle du Japon d'avril à mars.

on passe de l'équilibre à − 4,6 % du PIB. La Chine, forte de ses immenses réserves de change et de son excédent budgétaire, n'a pas eu à recourir à l'arme du déficit, mais son plan de relance n'en a pas moins représenté l'équivalent de plus de 6 % de son PIB pour 2009 et 2010. Ajoutons que l'Inde, pays en déficit budgétaire structurel, se trouve dans une situation comparable à celle des pays industrialisés, avec un déficit qui passe à − 8 % en 2009, chiffre rendu supportable par une croissance économique qui demeure soutenue.

La conséquence mécanique de la crise budgétaire, c'est l'explosion de la dette des pays avancés : de 63 % du PIB en 2007 à 98 % en 2010 aux États-Unis, de 170 % à 200 % au Japon, de 44 % à 86 % en Allemagne. Le Fonds monétaire international prévoit qu'à l'échelle mondiale, ce sont environ 9 000 milliards de dollars supplémentaires de dette publique dont il aura fallu assurer le financement en 2009, alors que l'épargne mondiale pour faire face à l'ensemble des obligations (investissements, dette privée, dette publique) est de l'ordre de 12 à 14 000 milliards de dollars. Par suite, la crise s'inscrit d'ores et déjà dans la durée. Il faudra de longues années pour en éponger les conséquences sociales, macroéconomiques et budgétaires. Aux États-Unis, l'administration Obama ne prévoit un début de retour au *statu quo ante* en termes de déficit et de dette publique qu'aux alentours de 2019, tout en gageant que dans l'intervalle la croissance économique sera au rendez-vous. Or celle-ci sera limitée par la réduction de la consommation, qui ne sera plus soutenue par une politique de crédit irresponsable et sera surtout rognée par le besoin d'accroître le taux d'épargne, notamment pour financer les retraites.

Bien que les autres pays industrialisés ne connaissent pas exactement les mêmes conditions que les États-Unis, leur situation n'est guère meilleure à moyen et long terme. Sans être comparable à l'effondrement quasi général qui a constitué la Grande Dépression des années 1930, la crise actuelle lui ressemble de par son caractère mondial, différencié, multiforme et durable.

S'y ajoute enfin ce qui est peut-être le trait le plus original de la secousse d'aujourd'hui : le fait qu'elle coïncide avec les nouveaux et graves défis planétaires qui appellent des actions cohérentes et immédiates afin de prévenir les catastrophes à long terme : tel est le cas notamment du réchauffement climatique. En termes conceptuels comme sur le plan pratique, de grandes conséquences résulteront, délibérément ou par défaut, de la manière dont la gestion « en temps réel » de la crise économique et sociale s'articulera avec la nécessité d'affronter en temps utile les périls qui menacent à terme la planète.

Or rien n'est plus difficile à organiser, tant sur le plan intellectuel que politique, qu'une approche conjointe du temps immédiat de la crise et du temps plus long des défis planétaires.

C'est de la combinaison de tous ces facteurs que nous tirerons la conclusion que la crise financière et économique débouchera sur une importante transformation des rapports de force stratégiques entre pays aussi bien que de la règle du jeu international. Un examen empirique de la situation et du comportement des grands acteurs du système international vient à l'appui de cette affirmation. Il est d'ores et déjà possible de poser la question des vainqueurs et des vaincus de la crise, de ceux qui auront renforcé leur position et ceux qui auront perdu pied. Pour tous, la crise accélère la transformation de l'ordre international.

I

LA CHINE, SUR UN AIR DE TRIOMPHE

Dans le monde anglo-saxon, il y a une maxime qui, traduite librement, veut que « quand la route devient dure, les durs se mettent en route » (« *When the going gets tough, the tough get going* »). La crise a pour effet d'opérer une sélection au profit de ceux qui ont de la carrure, du répondant, et qui savent ce qu'ils veulent. Les poids plume qui croyaient pouvoir acheter le monde, telles l'Islande et l'Irlande, ont fini dans le fossé dès les débuts de la crise. Les investisseurs islandais pouvaient se lancer dans une frénésie d'achat à l'étranger lorsque les épargnants néerlandais et britanniques, aussi cupides que naïfs, viraient par Internet leurs avoirs vers des banques islandaises promettant des rendements dignes d'un Madoff. On sait aujourd'hui comment cela s'est terminé avec l'implosion du système bancaire de ce pays. Au début du XXIe siècle, la finance était devenue comme la guerre : on savait comment y entrer, mais on ne savait pas dans quel état on en sortirait…

Si les petits imprudents ont été brutalement sanctionnés, la crise fait également le tri parmi les grands, fût-ce plus lentement. Pour éviter l'effondrement du système financier mondial à l'automne 2008, il a fallu mettre en œuvre de très coûteux plans de sauvetage et de relance dont l'unité de compte est le millier de milliards de dollars. À ce jeu-là, mieux vaut ne pas entrer en piste en étant déjà surendetté.

Or, la plupart des grands acteurs traditionnels de l'économie mondiale sont arrivés dans la crise à la fois en traînant une dette publique importante et en ayant recours à un déficit budgétaire substantiel. C'était le cas de tous les « vieux » pays industrialisés :

Pays	Dette publique (% du PIB en 2007)
États-Unis	63 %
Japon	170 %
Allemagne	44 %
Royaume-Uni	44 %
France	64 %
Italie	113 %

Frappés de surpoids et parfois d'obésité en matière d'endettement avant la crise, les pays industrialisés se sont chargés de lourds fardeaux supplémentaires. Circonstance aggravante, ils ne proposent pas pour l'heure d'arbitrage clair face aux contraintes écrasantes qu'ils doivent supporter : inflation, alourdissement de la fiscalité et réduction des dépenses publiques.

Parmi les quatre principaux pays émergents que sont les « BRIC » (Brésil, Russie, Inde, Chine), l'Inde et dans une moindre mesure le Brésil étaient en déficit mais sur toile de fond d'une croissance respectable. La Russie avait pour sa part accumulé des réserves de change et un surplus budgétaire substantiels afin d'amortir le choc d'une éventuelle réduction du prix des hydrocarbures. Or, c'est ce qui est advenu : à partir de l'été 2008, la Russie a perdu en six mois plus du tiers de son matelas de devises de 700 milliards de dollars. Celui-ci a assuré pour l'essentiel la stabilité sociale ; mais si éviter le pire est un résultat appréciable, cela ne suffit pas à se donner une stature. La Chine, elle, se situe dans une tout autre catégorie. À l'orée de la crise, les réserves de change approchaient les 2 000 milliards de dollars – l'équivalent du PIB de la France. À l'automne 2009, ce seuil était dépassé. Autrement dit, malgré la crise la Chine a accru cette marge de manœuvre. En termes budgétaires, la Chine avait en 2007 un léger déficit de l'ordre de 1 %, un chiffre très inférieur à celui de sa création de richesses avec une croissance de plus de 10 %. Sa dette publique n'était au début de la crise que de 363 milliards de dollars, soit six fois moins que ses réserves de change, et moins de 8 % de son PIB. Pékin a su mobiliser massivement ses ressources face à la crise sans s'imposer des contraintes lourdes pour l'avenir à court et moyen terme. La Chine a annoncé en novembre 2008 un plan de relance de 400 milliards de dollars sur deux ans, soit plus du double de l'effort américain en pourcentage du PIB et bien plus encore que les plans européens. L'objectif en est de stimuler la croissance à court terme par la construction en urgence d'infrastructures et secondairement par la consommation des ménages, et de jeter les bases d'un régime d'assurances sociales largement absent aujourd'hui.

Ces mesures étaient nécessaires. En effet, le commerce extérieur chinois a plongé de plus de 20 % entre fin 2007 et fin 2008. Or, la croissance chinoise était en grande partie tirée par les exportations, qui avaient un rythme de développement supérieur à celui de l'économie dans son ensemble. En 2007, les exportations de la Chine (Hong-Kong compris) représentaient plus du tiers du PIB, près du double de l'exposition des économies américaine et japonaise au commerce international. Quand le commerce extérieur a froid, l'économie de la Chine se retrouve avec une pneumonie. Bien que la Chine, à l'instar de quelques autres pays, ne produise pas de statistiques de croissance trimestrielle, il semblerait que l'économie chinoise n'ait progressé que de 2 % (extrapolé en rythme annuel) pendant le dernier trimestre 2008, du fait de la contraction spectaculaire du commerce extérieur. Pour assurer un relatif plein emploi dans un pays de 1,3 milliard d'habitants sur la base du modèle économique préexistant, un rythme de croissance d'environ 8 % par an était considéré de façon publique par le gouvernement comme absolument nécessaire. La situation était donc très grave voire mortifère. D'où ce vigoureux plan de relance.

De fait, le plan a été efficace : dès le second trimestre 2009, l'économie chinoise repart en flèche, avec une prévision de plus de 8 % de croissance pour l'ensemble de l'année 2009. Bien que les exportations n'aient pas encore retrouvé leur niveau de 2008, elles ont rebondi plus vite et plus fort qu'ailleurs. Aussi la Chine est-elle devenue, en 2009, le premier exportateur mondial, placée désormais devant l'Allemagne et les États-Unis.

Certes, le budget chinois de 2009 sera en déficit (de l'ordre de − 3,4 %) mais cela ne devrait pas poser de problème majeur avec le retour d'une croissance soutenue et l'existence d'amples réserves. Vue de Chine, la crise a permis un triple exploit. Premièrement, elle a manifesté le caractère décisif et approprié de l'action politique face au défi de la Grande Récession, sans flottement apparent ni erreur de manœuvre. Certes, il est loisible de critiquer la part limitée de la relance de la consommation des ménages dans le plan chinois. Dans l'immédiat, cependant, la critique s'efface devant l'évidence de la croissance retrouvée – d'autant que la relance par l'investissement en infrastructures n'est pas de trop dans un pays qui connaît de graves goulots d'étranglement en matière de transports et de communications. Du point de vue des autorités de Pékin, cette démonstration de vitalité de la gouvernance chinoise vient à point nommé alors que la République populaire est passée de la non-commémoration du massacre de la place Tien An Men de juin 1989 à la célébration grandiose sinon grandiloquente des soixante ans du régime en octobre 2009.

Deuxièmement, la crise aura donné l'occasion de marquer la supériorité supposée du modèle de développement chinois, tant vis-à-vis des pays industrialisés – tous en récession à partir du printemps 2008 – que des puissances émergentes. Si l'Inde parvient à se maintenir à coups de déficit budgétaire (8 % du PIB en 2009), sa croissance s'établit à un niveau moindre (+ 5,5 % prévus en 2009) que celui de la Chine ; la Russie a connu une profonde plongée flirtant avec – 10 % en rythme annuel sur la première moitié de 2009 et le Brésil a connu au moins en début de récession. La Chine peut être tentée de se présenter comme un modèle de référence.

Enfin, la réponse de la Chine à la crise aura aussi hâté le moment symboliquement très important où le PIB chinois exprimé en taux de change dépassera celui du Japon. En 2008, les chiffres étaient déjà proches avec un écart de seulement 12 %. Moyennant une croissance chinoise en 2009 de plus de 8 % et la récession japonaise (− 6,1 % prévus), le tour sera joué en l'absence de mouvements significatifs des taux de change. « Il n'y a pas de place au ciel pour deux soleils », dit un proverbe chinois, et celui qui s'efface est l'Empire du Soleil levant. Le dépassement incontestable et ostensible du Japon aura un impact psychologique fort, qui contribuera à remodeler le paysage stratégique en Asie. L'éclipse du Japon aura un effet induit non moins important, celui de donner la primauté au face-à-face entre les États-Unis et la Chine en Asie. Cela aussi contribuera à créer une réalité stratégique nouvelle.

La réponse chinoise à la crise n'a pas en soi scellé le triomphe apparent de la Chine. Celui-ci est pour l'essentiel le produit des mutations des trois décennies précédentes, à partir de 1979, quand Deng Xiao

Ping lança les « quatre modernisations », libérant les forces productives de la campagne puis des villes chinoises. Avec un taux de croissance annuel moyen de plus de 8 % sur la période, cela se traduit par une multiplication du PIB par huit de la production en trente ans, et le passage du tiers-monde à l'entrée dans les classes moyennes de la planète. Surtout, dans un système politique centralisé et autoritaire, cela donne à une Chine stratégiquement maîtresse de ses choix en matière d'exercice de la puissance à l'échelle du monde, d'une manière qui échappait à un Japon démocratique stratégiquement soudé aux États-Unis.

Cependant, avant la crise, les autorités chinoises étaient habitées voire hantées par la préoccupation de ne pas déstabiliser un ordre mondial qui lui assurait la croissance dans la durée, nécessaire tant pour la paix sociale que pour asseoir une légitimité politique reposant sur la performance économique à défaut du suffrage populaire. De plus, la puissance économique chinoise est encore très jeune. Il y a encore une dizaine d'années, l'île de Taïwan, avec ses 20 millions d'habitants, exportait plus qu'un milliard de Chinois du continent. De même, l'économie de la Chine ne s'est approchée du PIB britannique qu'au tournant de l'an 2000. Aussi, la Chine d'avant la crise n'endossait qu'avec prudence, sinon réticence, les habits neufs de la grande puissance qu'elle était en train de devenir. Au Conseil de sécurité de l'ONU, la Chine ne prenait presque jamais d'initiatives, même si depuis la fin des années 1990 elle avait commencé à manifester ses vues sur des enjeux autres que Taïwan. Dans la presse chinoise, qui reste soigneusement cadrée pour tous les sujets de politique, extérieure ou intérieure, il était depuis quelques années question de la « montée » de la Chine voire de sa « restauration » (au rang de puissance qu'elle avait cessé d'être depuis la première moitié du XIXe siècle), mais c'était pour mieux souligner le caractère pacifique, paisible, de cette sage ascension.

D'ailleurs, il suffisait que soit évoquée en Occident la perspective d'une Chine superpuissance pour que fuse la réaction officielle : les Chinois sont si pauvres, avec moins du dixième du PIB par habitant du monde industrialisé, la Chine si profondément impliquée dans le dur labeur du développement économique, qu'il faut la considérer comme un pays du tiers-monde parmi d'autres. Les « circulez, il n'y a rien à voir » étaient de rigueur, alors même que la souris chinoise se muait à vue d'œil en éléphant stratégique. Ceux qui évoquaient l'hypothèse d'une Chine superpuissance étaient au mieux taxés d'ignorance, au pire soupçonnés de noirs desseins visant à compromettre les relations de la Chine avec ses partenaires, procès facilité par les critiques occidentales concernant le sort des minorités et les droits de l'homme en Chine. Pourtant, il suffisait de sillonner la nouvelle Pékin pour constater l'urbanisme ambitieux, l'architecture monumentale, symbolisant combien les responsables politiques chinois s'inscrivent à nouveau dans une logique d'Empire : la version chinoise et « XXIe siècle » de la Washington néoclassique ou de la Moscou stalinienne en somme. Ou, sur un registre politique, nous avons la capacité des dirigeants chinois à appuyer là où ça fait mal dans leurs relations avec des partenaires considérés comme étant à la fois difficiles et vulnérables : le président Sarkozy, sur le dossier tibétain, en a fait l'assez douloureuse expérience en 2008-2009.

L'image d'ensemble est néanmoins celle d'une retenue somme toute rassurante : lorsqu'une nouvelle puissance surgit sur une scène internationale déjà encombrée, il n'est pas mauvais que celle-ci évite de jouer trop brutalement des coudes.

Cela ne vaut ni absolution pour la situation intérieure de la Chine ni complaisance en ce qui concerne les objectifs stratégiques chinois. Simplement, à la veille de la crise, la Chine était politiquement et stratégiquement comparable à l'Allemagne fraîchement unifiée de 1871 : dans les deux cas, il y a eu l'émergence rapide d'une nouvelle grande puissance sur la scène internationale. À la différence de ce précédent historique, il n'y a pas eu dans le cas de la Chine l'équivalent de la guerre franco-prussienne et du rôle de Bismarck. S'il n'y a pas en soi lieu de se réjouir de l'arrivée d'une grande puissance politique et économique face aux intérêts européens, et pas seulement en Afrique, il y a tout lieu de prendre acte de ce que cette Chine nouvelle se comporte en y mettant davantage de formes que cela n'a été le cas en d'autres circonstances historiques comparables.

Avec la crise, la Chine regarde le monde différemment et le fait savoir. À cet égard, on notera quelques indices de nature diverse. Sur le plan rhétorique, c'est l'évocation dans la presse chinoise, à partir de l'hiver 2008-2009, du thème du « G2 » repris et amplifié par l'ancien conseiller à la Sécurité nationale américain Zbigniew Brzezinski lors d'un colloque à Pékin en janvier 2009[1]. Certes, le gouvernement chinois a rapidement pris ses distances par rapport à un concept qui aurait signifié des obligations politiques et économiques nouvelles à Pékin. Cette correction de tir est le énième *remake* du discours sur la « souris » chinoise qui-n'est-pas-une-superpuissance. La question du G2 n'en est pas moins posée.

Lors du sommet du G20 à Londres en avril 2009, l'image projetée était largement celle d'un monde dont les affaires économiques seraient gérées par le binôme Chine-États-Unis, ces deux pays dépassant tous les autres dans leur capacité de mobilisation face à la crise. L'interdépendance financière et économique entre la Chine et les États-Unis est au cœur de la crise et de son traitement. L'achat de bons du Trésor américains par la Chine, soucieuse d'épargner à outrance pour éviter une répétition de la crise asiatique de 1998 était le pendant d'une propension américaine à consommer et à s'endetter sans frein,

---

1. L'idée d'un G2 sino-américain avait été précédemment formulée par l'économiste américain Fred Bergsten.

l'afflux de produits chinois nourrissant cette faim apparemment insatiable. De cette étroite symbiose qui a largement contribué à l'avènement de la crise il était assez facile de déduire qu'il y aurait des positions convergentes des États-Unis et de la Chine lors de la réunion du G20 à Londres puis à Pittsburgh. Le G2 y a fonctionné au moins implicitement et il ne disparaîtra pas, que son essence soit coopérative ou antagoniste.

Il n'aura par ailleurs fallu que quelques semaines, à l'automne 2008, pour que les autorités américaines modèrent leurs attaques à l'encontre de la politique monétaire chinoise. Ces critiques, répétées depuis des années par les responsables américains, avaient été réitérées par le futur secrétaire américain au Trésor, M. Geithner, peu après l'élection de Barack Obama. Les Chinois répondirent avec virulence ; or les États-Unis ne souhaitaient pas une confrontation avec Pékin en pleine tourmente financière et boursière. Une juste sinon saine appréciation du rapport de force a dès lors conduit les États-Unis à tempérer leurs critiques : c'est avec modération que le président Obama s'est permis d'évoquer le sujet lors de sa visite en Chine en novembre 2009.

En foi de quoi la Chine continuera, selon son bon plaisir, d'acheter des bons du Trésor américains. Cela n'est pas rien alors que les États-Unis triplent en 2009 le montant déjà considérable de la dette publique à placer sur les marchés obligataires, à près de 3 000 milliards de dollars. Naguère traité entre experts du ministère des Finances, ce sujet est passé au plan stratégique et politique : c'est désormais l'affaire du Département d'État américain, comme en témoigne le premier discours de Mme Clinton en Chine dès février 2009, quelques semaines seulement après l'investiture du président Obama. La composante « droits de l'homme » du discours américain à l'égard de la Chine est désormais en concurrence directe et difficile avec la dimension économique et monétaire : contrairement à son prédécesseur, Barack Obama a refusé de recevoir le dalaï-lama à Washington, afin de ne pas compromettre la visite du Président américain en Chine en novembre 2009.

Enfin, la Chine a démontré sa puissance face aux positions françaises à l'occasion du G20 à Londres en avril 2009. Dans un passé récent, la Chine avait manifesté une fermeté constante vis-à-vis des pays étrangers tentés de soutenir le dalaï-lama ou de promouvoir publiquement la cause des droits de l'homme en Chine. Le président Sarkozy s'était mis en avant sur les deux fronts en 2007 et 2008. Par ailleurs, le relais de la flamme olympique à Paris en 2008 avait été perturbé par des manifestations en faveur de la cause tibétaine ; or les autorités chinoises tenaient à ce que rien ne dépare l'apothéose médiatique des Jeux de Pékin. La dureté de la réaction chinoise à l'époque n'avait rien de surprenant. Le boycott de produits financiers et des supermarchés français en Chine était l'actualisation des déclarations officielles exprimant sans fard un « fort mécontentement ». La nouveauté qui coïncide avec la crise, c'est la mise en scène qui a suivi pendant le G20 à Londres. À l'occasion de cette rencontre symbolique de par son cadre mondial, un communiqué franco-chinois était produit à l'issue d'une entrevue entre les présidents Sarkozy et Hu Jintao. Il y était notamment indiqué que le Tibet fait partie intégrante de la Chine. La France venait ainsi de marquer publiquement son alignement, au vu et au su du monde entier. La préparation psychologique de ce que les Chinois appellent un « *kowtow* », une prosternation rituelle, n'était pas moins instructive : en février 2009, le Premier ministre chinois M. Wen Jiabao avait fait une tournée officielle dans les États voisins de la France – Royaume-Uni, Suisse, Allemagne, Espagne – en évitant la France de façon ostentatoire.

Il s'agit moins ici du fond du communiqué franco-chinois puisque dans la durée, la France n'a jamais soutenu l'idée d'un Tibet indépendant, que de la façon dont la Chine entend s'affirmer publiquement dans le cadre du nouveau rapport de force. La Chine ne prend plus en public de gants avec ceux qu'elle estime devoir humilier. La crise est passée par là.

La forte performance de la Chine face à la crise et la perception désormais largement répandue d'une Chine qui ne connaîtrait plus qu'un seul rival et partenaire à sa taille, les États-Unis, représentent une accélération de l'Histoire. Reste maintenant à savoir si cette situation est durable.

Historiquement, une grande puissance ascendante est menacée de deux dangers : d'une part un excès de confiance qui la conduit à méconnaître la réalité de sa place dans le monde – c'est l'*hubris* des Anciens ; d'autre part, l'existence de contradictions internes mal maîtrisées qui sont exacerbées par les conditions mêmes de l'ascension du nouveau prétendant.

Si la Chine « vainqueur de la crise » fait preuve d'une confiance nouvelle sur la scène internationale, il n'y a pas, ou pas encore, d'indices probants d'*hubris*. Pékin ne montre pas aujourd'hui d'ambitions impérialistes à l'échelle mondiale et la Chine n'est pas non plus porteuse d'un messianisme idéologique affiché : on est encore loin du registre impérial de l'Allemagne de Guillaume II réclamant sa « place au soleil », loin aussi de l'URSS de Khrouchtchev ou de l'Amérique de Bush en matière de dynamisme idéologique. Cela ne signifie pas une absence d'ambitions : la Chine a des visées hégémoniques dans ce qu'elle estime être son espace national, notamment à Taïwan et dans les îles du sud de la mer de Chine. De même, Pékin n'est pas un eunuque idéologique ; elle met volontiers en avant son modèle de développement et sa conception ultrawestphalienne de la souveraineté. Ces positions idéologiques ne sont cependant pas mises en avant pour justifier le recours à la force ou une diplomatie coercitive. Les guerres idéologiques et impériales de l'URSS en Afghanistan ou de l'administration Bush en Irak n'ont pas d'équivalent rhétorique ou pratique de la part de la Chine contemporaine.

La Chine paraît manifester un sens prudent des rapports de forces : tel ou tel responsable chinois peut se plaindre du rôle jugé excessif du dollar américain, mais dans la pratique, Pékin ne se livre pas à une attaque en règle contre le dollar, qui pourrait s'avérer calamiteuse pour les États-Unis, le monde et la Chine elle-même. Il est vrai que lorsqu'on a des réserves de change libellées pour la plupart en dollars, on a quelque raison de ne pas vouloir en provoquer la dévaluation. Depuis le début de la crise, la Chine a calé le cours du yuan sur celui du dollar. Comme ce dernier baisse par ailleurs, les exportations chinoises bénéficient du même gain de compétitivité que les États-Unis, au détriment du Japon, de l'Europe mais aussi des nouveaux concurrents de la Chine : Inde, Brésil, Corée du Sud, pays d'Asie du Sud-Est. Cette gestion monétaire basée sur un yuan faible créera des tensions croissantes sur le plan international si elle est poursuivie telle quelle dans la durée.

Tout cela n'écarte pas tout danger stratégique en provenance de la Chine mais le risque à ce stade est moins le produit de l'*Hubris* que des difficultés objectives naissant des différences d'intérêt et de valeurs qui existent entre la Chine et les États-Unis d'une part, les voisins asiatiques (Japon, Inde, péninsule coréenne) d'autre part. Il en sera question dans les chapitres suivants.

Quelles sont dès lors les éventuelles faiblesses intérieures de la Chine ? Le nouveau colosse chinois a-t-il des pieds d'argile, pour reprendre l'expression appliquée à la Russie tsariste il y a un siècle ? Les conditions mêmes de l'avènement d'une grande puissance peuvent y faire éclater ce que les analystes marxistes appellent des contradictions internes nées du développement des forces productives. Ainsi, le premier empire véritablement mondial que fut l'empire d'Espagne aux XVIe et XVIIe siècles était entre autres le produit de la conquête de l'Amérique et des richesses minérales qu'elle recelait (or et argent avant tout), qui permettaient de financer les opérations militaires de la *Casa de España* en Europe. L'afflux de ces richesses minérales a eu un puissant effet d'éviction des activités économiques productives, à la manière dont la rente pétrolière et gazière tue aujourd'hui l'agriculture et l'industrie dans nombre de pays exportateurs d'hydrocarbures. Le déclin de l'Empire aux XVIIe et XVIIIe siècles est donc pour une large part dû à ce qui avait aussi fait sa gloire. Dans la Russie des tsars, l'expansion industrielle des années 1880-1914 provoque la naissance d'une bourgeoisie et surtout d'un prolétariat qui, dans les circonstances particulières de la Première Guerre mondiale, conduit à la chute du régime impérial avant d'ouvrir la voie au premier empire communiste.

Dans le cas de la Chine, l'essor économique des trente dernières années engendre une double contradiction. La plus visible a trait aux mouvements de population des zones rurales vers les villes – l'équivalent à la puissance dix de l'exode rural français des Trente Glorieuses –, et de l'intérieur du pays vers les côtes. Dans un pays où il faut un permis de résidence pour accéder aux services sociaux d'une ville, cela se traduit par des dizaines de millions de « sans-papiers » et de sans-droits, qui sont une force de travail indispensable à l'économie urbaine de la Chine, mais dont le sort est fortement lié aux à-coups de la conjoncture. La crainte d'affrontements sociaux violents a incité les autorités à prendre rapidement des mesures de relance face à la crise. De fait, les flambées locales de violence, tant rurales qu'urbaines, se comptent par milliers chaque année, vigoureusement réprimées et étouffées par les autorités. C'est une version chinoise de nos « classes laborieuses, classes dangereuses » d'antan. À terme, comme dans les pays industrialisés, cette contradiction ne pourra être dénouée que par la mise en place d'un système de Sécurité sociale. *A priori* la Chine en a les moyens financiers, et une partie du plan de relance est consacrée à cette fin. La Chine connaîtra à partir de 2025 un vieillissement massif de sa population, du fait de la « politique de l'enfant unique » pratiquée depuis trente-cinq ans. Ce sera peut-être le moment du déclin de la Chine – mais Pékin en est conscient et a le temps et les moyens de s'y préparer.

L'autre contradiction est plus directement politique. La Chine connaît simultanément l'apparition d'une classe moyenne de plusieurs centaines de millions d'habitants et l'immersion de la société dans les flux d'information propres à la mondialisation : il y a dorénavant plus de connexions Internet et plus de téléphones portables en Chine qu'aux États-Unis ou en Europe. S'y ajoute une tendance forte des provinces chinoises à pratiquer une forme d'autonomie économique, conséquence du développement différencié et de la dimension des provinces dont certaines comptent plus d'habitants que la France ou l'Allemagne. Cette situation peut, ici comme ailleurs, être un terreau favorable à l'expression de revendications politiques. La poussée démocratique de 1989, close par le massacre de Tien An Men, pourrait n'avoir été qu'une préfiguration de changements importants.

Reste à savoir, pour reprendre la grille d'analyse qu'appliquait Mao Zedong au marxisme, si ces contradictions sont ou non « antagonistes » : peuvent-elles provoquer l'effondrement du régime ? L'expérience de l'Indonésie, pays immense avec ses 240 millions d'habitants, fournit une analogie. Lors de la crise asiatique de 1997-1998, la dictature militaire en place depuis trente ans dut céder la place à un régime démocratique qui s'est depuis développé et enraciné. La raison en est relativement simple : la dictature militaire n'avait cessé d'affirmer qu'elle basait sa légitimité sur sa capacité à assurer la croissance économique. Tant que celle-ci fut au rendez-vous, la population acceptait *nolens volens* l'absence de libertés démocratiques et la corruption. Avec la crise financière de l'époque, cette « légitimité de performance » s'était évaporée aussi rapidement que disparaissait la croissance. Dans le cas de la Chine cependant, les dirigeants ont tout fait, apparemment avec succès, pour que l'économie ne flanche pas.

Autre exemple : celui de l'écrasement en 1989 des révoltes étudiantes de la place Tien An Men. Les communistes chinois ont montré à l'époque qu'ils n'avaient pas les états d'âme d'un Gorbatchev. L'effet dissuasif de cette brutale et efficace « leçon de choses » décisive n'a probablement pas disparu en l'espace de vingt ans. Par ailleurs, le régime a su encadrer et canaliser le développement d'Internet et des autres technologies de l'information. Il sait aussi lâcher du lest sur des sujets spécifiques (nuisances environnementales, sécurité alimentaire…) et la volonté de lutte contre la corruption est vigoureusement affichée. Avec les espaces de liberté ménagés en matière de « mode de vie » et de culture – on notera que les expatriés français de Shanghaï ne se plaignent guère de la « scène » diurne et nocturne locale –, ces mesures paraissent avoir pour le moment jugulé la contestation politique des classes moyennes. Celles-ci expriment au demeurant une vraie fierté de la « montée » de leur pays. Le nationalisme voire la xénophobie (notamment antijaponaise) fournissent un exutoire au trop-plein d'énergie : en témoignent les manifestations antinippones en 2005 ou la violence des supporters chinois dans les stades de football à l'occasion de matchs contre des équipes japonaises.

Il serait infiniment agréable de pouvoir prédire un vaste mouvement démocratique en Chine, une révolution de velours à l'échelle d'un continent. Cela viendra peut-être, mais les signes avant-coureurs ne sont pas là. Ajoutons que les autres facteurs de tension en Chine que sont les affirmations d'autonomie des peuples qui n'appartiennent pas à l'ethnie majoritaire des Hans ne sont pas de nature à provoquer l'éclatement de l'empire sur le mode soviétique. La Chine, avec environ 90 % de Hans, n'est pas l'URSS de jadis avec près de 50 % de peuples non-russes. De surcroît, parmi les quelque 10 % de non-Hans, moins de la moitié appartient à des groupes ethniques compacts et géographiquement circonscrits. Certes les Tibétains et les Ouïghours du Xinjiang occupent des territoires immenses de plus de deux fois la superficie de la France, soit le tiers de la superficie de la Chine, situés de surcroît aux frontières de l'empire. Cependant, ces peuples regroupent moins de 5 % de la population chinoise. Pékin aura les moyens, s'il le souhaite, de tenir les peuplades rebelles sous sa coupe. L'indépendance de tels territoires n'est possible que lorsque le pouvoir central chinois est à la fois divisé et faible. C'est ce qui se passa lors de l'abolition de l'empire Qing et l'établissement de la République en 1911, qui permit à la Mongolie-Extérieure de déclarer son indépendance. Des tentatives avortées d'indépendance du Xinjiang se produisirent à l'occasion de la guerre sino-japonaise et la guerre civile de 1937-1949. Aujourd'hui le pouvoir de Pékin paraît loin d'être aussi divisé ou aussi faible que dans les cas cités. Pour des raisons historiques, stratégiques et identitaires, le pouvoir chinois actuel surréagit par rapport au séparatisme, d'autant plus que celui-ci se manifeste aussi par la présence plus qu'agaçante d'un régime démocratique et souverain à Taïwan. Cela ne signifie pas que le séparatisme soit un problème majeur ; il ne le deviendrait que si le régime était menacé par ailleurs.

Les responsables chinois, forts des bonnes performances du « léninisme de marché », ont quelques motifs de satisfaction. À l'échelle mondiale, et notamment aux yeux des pays émergents et pauvres, ce qui se joue peut-être, c'est la compétition entre le modèle chinois de développement et de gouvernance et la démocratie « à l'ancienne » qui s'en sortirait moins bien face à la crise. L'« émergence pacifique » de la Chine, pour reprendre le jargon politique chinois, aura été hâtée et non freinée par la crise.

Le triomphe de la Chine serait donc à la fois durable, autoritaire et planétaire ? Pourtant, on aura garde de conclure de façon si tranchée. La Chine, vainqueur de la crise, aura maintenant à gérer un réseau de relations extraordinairement complexe, où toute erreur de calcul de chacun des protagonistes pourra avoir des effets déstabilisants substantiels, y compris pour la Chine. Au cœur de cet écheveau se trouvent les États-Unis, et les choix qu'ils feront dans leurs relations avec la Chine.

II

L'Amérique numéro 1, malgré tout

Davantage que les autres démocraties industrialisées, les États-Unis sont accoutumés à l'idée que les cycles économiques, parfois violents, font partie de la normalité du capitalisme. En un peu plus de cinquante ans, l'économie américaine a connu huit récessions au sens technique de ce mot (deux trimestres consécutifs de chute du PIB) – 1958, 1960, 1970, 1974, 1980, 1982, 1991, 2001 –, liste à laquelle s'ajoute la Grande Récession de 2008-2009, ainsi nommée par Paul Krugman, prix Nobel d'économie 2008. En contrepartie de creux récurrents, les États-Unis bénéficient depuis un quart de siècle d'au moins un point de croissance annuelle de plus que l'Europe, et 2 % de plus que le Japon : à long terme, un tel décalage fait une vraie différence au profit des États-Unis.

Le positionnement stratégique des États-Unis est *a priori* peu dépendant des à-coups de la conjoncture économique. Au contraire même : les États-Unis, en manifestant de façon répétée leur capacité de rebond face aux récessions, confortent leur image de superpuissance réinventant à chaque occasion les fondements de sa prospérité grâce à de nouveaux relais de croissance. On est très loin ici du schéma classique où la place dans le monde d'une grande puissance dépend d'un seul facteur central dont la mise en cause (ou les effets pervers) peut provoquer sa chute : l'or et l'argent pour l'empire d'Espagne, le pétrole et le gaz pour l'Union soviétique ont été la base de la puissance et de la déchéance économiques de ces entités incapables de se ressourcer. L'Amérique, elle, a une base économique diversifiée et en constante transformation.

Certes, le leadership économique des États-Unis est menacé à terme par la montée de la Chine. Dans l'hypothèse, assez peu probable, où la Chine maintiendrait un écart de croissance de l'ordre de 7 % par an par rapport aux États-Unis, le croisement des courbes s'effectuerait dans moins d'un quart de siècle. Il est plus probable que la croissance chinoise ralentira. Elle pourrait se placer à un niveau comparable à celui du Japon ou de la Corée du Sud des années 1970 et 1980 lorsque le PIB par habitant des provinces côtières chinoises approchera celui de ces pays à cette époque. Dans ce cas, le rattrapage des États-Unis par la Chine attendrait le milieu du siècle. Dans toutes les hypothèses, l'écart en faveur des États-Unis se compte donc encore en quelques décennies. La crise actuelle n'y change apparemment pas grand-chose : pour les États-Unis, la récession s'est achevée au milieu de l'année 2009. Dans une perspective longue, on serait tenté de déduire que la crise n'aura été qu'un incident de parcours à peine plus important pour les Américains que les récessions qui l'ont précédée. Par ailleurs, les États-Unis conservent une très large avance dans le domaine militaire : avec plus de 45 % des dépenses mondiales, l'Amérique continuera longtemps d'être le seul pays capable de recourir à la force en tout point de la planète de façon rapide, massive et durable. Il faut des décennies pour bâtir ce type de dispositif : la Chine en est très loin et la Russie a lâché prise, cependant que Français et Britanniques n'y arrivent qu'à une échelle réduite.

Pourtant, les marges de manœuvre de la stratégie américaine seront – sont déjà – placées sous contrainte par la crise, tant du fait de son impact direct sur les finances publiques et privées des États-Unis que de l'interaction avec une Chine perçue et se percevant comme le « vainqueur de la crise ». La crise domine l'ordre du jour et le calendrier de la Maison-Blanche. Cependant, le problème est paradoxalement aggravé par le rôle directeur que le président Obama joue dans la formulation de la stratégie étrangère des États-Unis : il est à la source de toutes les grandes initiatives de politique étrangère. Dès lors que la crise et les questions de politique intérieure dominent son emploi du temps, la formulation de la politique étrangère et de la Défense s'en trouve très fortement obérée. D'où le bilan limité du président américain un an après son investiture, alors que la diplomatie américaine bénéficie tant de l'aura personnelle d'Obama que de la restauration générale de l'image des États-Unis après les années Bush.

La crise induit en second lieu une contrainte budgétaire, lourde et durable, qui a un impact direct et indirect sur la politique extérieure et de défense des États-Unis. Les États-Unis ont abordé la crise avec des finances publiques nettement plus dégradées que ne pouvaient le laisser supposer une croissance économique relativement soutenue et le dynamisme de la société et de la démographie américaines.

Au début de 2008, les finances publiques américaines étaient aussi mauvaises que celles de la France, et bien plus médiocres que celles de l'Allemagne. À la veille de la crise, en 2007, la dette publique représentait 63 % du PIB. Cette situation n'inquiétait pas grand monde à l'époque, tant l'accès aux marchés obligataires pour financer le déficit et la dette était commode et bon marché. L'épargnant chinois était là pour acheter bons du Trésor, à hauteur de 700 milliards de dollars, et autres produits financiers.

Pour faire face à la Grande Récession, les États-Unis ont comme la Chine mobilisé les grands moyens. Si le plan de relance économique proprement dit est, avec 787 milliards de dollars sur deux ans, plus modeste en pourcentage du PIB que le plan chinois, c'est à hauteur de plus de mille milliards de dollars que les États-Unis sont intervenus pour prévenir l'implosion des institutions financières : banques, compagnies d'assurances, établissements de crédit immobilier... Comme on l'a vu, le déficit budgétaire prévisionnel dépasse 11 % du PIB en 2009 et 10 % en 2010. Pendant les dix prochaines années, il est prévu que le déficit reste supérieur à 4 % par an. Pis, même le budget dit « primaire », c'est-à-dire les dépenses et les recettes publiques avant prise en compte de la charge de la dette, devrait rester en déficit, ajoutant donc de la dette à la dette.

Celle-ci a explosé, passant de 63 % à 97 % du PIB entre 2007 et 2009, pour dépasser les 100 % les années suivantes.

Comme le rappelle Paul Krugman, une telle situation est gérable : après tout le Japon et l'Italie traînent une dette publique supérieure à 100 % du PIB depuis des années. Il y a cependant une différence substantielle par rapport à ces deux pays, à savoir l'échelle en valeur absolue. Avant la crise, les États-Unis plaçaient moins de 1 000 milliards de dollars de dette sur le marché obligataire chaque année. Dorénavant, ce chiffre avoisine les 3 000 milliards par an. La Chine représente le principal acheteur étranger des instruments financiers correspondants. Cela crée des liens complexes avec des conséquences stratégiques.

Il y a malheureusement aussi un risque de similarité avec l'Italie et le Japon, qui stagnent en termes de croissance économique dans les tout derniers du monde industrialisé : moins de 2 % par an sur vingt ans pour le Japon comme pour l'Italie. Par conséquent, ces pays n'arrivent pas à dégager les ressources nécessaires pour affirmer leur souveraineté et leur sécurité dans le monde : le budget militaire italien représente moins de la moitié de l'effort français ou britannique, pour un PIB pourtant voisin. Si la faiblesse des dépenses de défense japonaises correspond à un choix politique, la dégradation des finances publiques n'autoriserait pas en tout état de cause un effort nettement plus important : avec plus que le double du PIB britannique, le Japon consacre moins que le Royaume-Uni ou la France à sa défense : 47 milliards de dollars par an, contre environ 60 milliards pour la France ou le Royaume-Uni. Cette situation n'est tenable que parce que le Japon et l'Italie sont en termes stratégiques couverts par la garantie de sécurité de leurs alliés, notamment les États-Unis, lesquels portent le fardeau correspondant. En cas de langueur durable de l'éccnomie américaine, les États-Unis pourraient être tentés d'alléger ce fardeau-là.

La crise pourrait déboucher sur un ralentissement à long terme de la croissance américaine, qui a été soutenue depuis près de vingt ans par la conjonction de trois facteurs étroitement liés : l'afflux de biens de consommation (notamment chinois) à bon marché accroissant le pouvoir d'achat des consommateurs ; l'abondance de crédit à faible taux d'intérêt générée par l'achat massif de la dette publique américaine par la Chine ; la faiblesse de l'épargne des ménages américains, dépensant leur revenu (ou trop souvent leurs crédits) en biens de consommation et en valeurs boursières et immobilières. Ce carrousel économico-financier tournait si bien qu'il faisait oublier, pendant les années Bush, le creusement des inégalités et la stagnation du salaire médian. Ce modèle est consubstantiel à la crise, et ne pourra lui survivre du fait de l'accumulation de la dette publique et de l'éclatement des bulles patrimoniales. La Chine se centrera davantage sur son marché intérieur ; cependant qu'aux États-Unis, l'ère des crédits absurdement faciles est close − on ne parlera plus de ces fameux prêts « Ninja » (*No Income, No jobs*) : dorénavant, les Américains vont devoir épargner s'ils veulent bénéficier d'une retraite décente. Dans une économie où la croissance était tirée par la consommation qui représentait plus de 70 % du PIB, l'augmentation de l'épargne réduira d'autant la croissance, du moins dans un premier temps.

Par ailleurs, l'incertitude demeure quant à la manière dont les États-Unis vont gérer le poids de la dette. La réponse aura aussi des conséquences stratégiques.

La réduction des dépenses publiques est une des possibilités. Parmi les dépenses fédérales, celles qui peuvent être réduites le plus aisément sans risquer un fort effet récessif, ce sont les dépenses militaires : près de 700 milliards de dollars en 2009, soit 5 % du PIB américain et près de la moitié des dépenses militaires mondiales. Il y a là un « gisement » des plus attrayants, d'autant que c'est en partie grâce à la réduction des dépenses militaires (« les dividendes de la paix ») que le président Clinton avait sensiblement amélioré les comptes publics américains pendant les années 1990. Cependant, il y a des limites politiques étroites à ce que Barack Obama pourra faire en la matière : au moindre signe de coupes claires dans les dépenses militaires, il se heurtera à l'opposition non seulement des Républicains, qui le taxeront d'irresponsabilité, mais aussi de tous ceux, fort nombreux, qui dépendent politiquement des subsides et des emplois du complexe militaro-industriel. Au moins, la Maison-Blanche pourrait dégager des économies en jouant sur le rythme du retrait d'Irak, et le moment venu d'Afghanistan, ces deux guerres ayant représenté de 2001 à 2009 près de 864 milliards de dollars soit plus que l'actuel plan de relance américain. Encore faut-il que la situation sur le terrain le permette, ce qui n'est pas le cas en Afghanistan, bien au contraire. Le recours à l'inflation n'aurait pas les mêmes conséquences en termes de politique intérieure. Cependant, une dépréciation forte et délibérée de la monnaie américaine causerait d'autres soucis. La Chine et les autres pays ayant des réserves de dollars prendraient forcément très mal la dévaluation de leurs avoirs. L'incitation à sortir du système dollar – une des dimensions de la puissance mondiale américaine – serait renforcée, comme le serait de façon plus large la tendance à limiter les relations d'interdépendance commerciale et politique avec les États-Unis. En termes de relations sino-américaines, il pourrait y avoir là, au risque de forcer le trait, l'équivalent des conséquences de tous ordres qu'eurent en Europe les dévaluations compétitives du début des années 1930 de la part des États-Unis, et du Royaume-Uni. Celles-ci provoquèrent à l'époque une forte aggravation et une prolongation de la Grande Dépression, notamment en Allemagne.

L'augmentation des impôts est une autre voie théoriquement possible, mais dans un premier temps elle pèserait sur la croissance plutôt qu'elle ne la relancerait. Il n'existe pas aux États-Unis un gisement fiscal permettant à la fois d'assurer des dépenses militaires soutenues et le financement du coût de la crise, en période de moindre croissance.

Ce tableau peut paraître trop noir. Les États-Unis font régulièrement mentir les pronostics « déclinistes » : la créativité technologique, le dynamisme démographique et la liberté entrepreneuriale des États-Unis sont des atouts que l'on aura garde de négliger. Il est permis cependant de s'interroger sur la pérennité d'au moins une des dimensions du « mythe mobilisateur » qu'est le rêve américain, à savoir la mobilité sociale. Au cours des dernières décennies et notamment sous les deux mandats de George W. Bush, les inégalités se sont profondément creusées, renouant avec les niveaux existant pendant l'« âge doré » (*the Gilded Age*) des années 1890 : le revenu de 1 % de la population est passé de 10 % de l'ensemble des revenus américains vers 1980 à 20 % en 2005[1]. En parallèle, au cours de la décennie écoulée, le revenu médian de la population américaine a stagné malgré la croissance économique. En résumé, les années Bush ont été bonnes pour les riches mais pas pour l'Américain moyen. Surtout, la reproduction sociale américaine paraît s'être ossifiée : comment accomplir le rêve américain si les meilleures écoles (du jardin d'enfants à l'Université) sont fermées aux rejetons des classes moyennes et pauvres ? La qualité d'héritier est devenue aussi importante aux États-Unis que dans les pays n'ayant pas historiquement la mobilité sociale américaine. La crise, en réduisant la capacité des universités à attribuer des bourses, peut aggraver la situation.

---

1. Les chiffres correspondants pour la France sur la même période sont de 7,6 % et 9 %.

Ces alarmes sont peut-être vaines, la crise ayant porté un coup sérieux au patrimoine des plus riches tout en incitant à la créativité technologique et économique. Cela relancera peut-être la mobilité sociale caractéristique de l'identité américaine depuis plus de deux siècles. En attendant, la crise a fait augmenter le nombre de pauvres et réduit sensiblement en 2008-2009 la mobilité géographique de la population qui préfère s'accrocher aux emplois existants plutôt qu'aller chercher ailleurs.

Reste à savoir comment les conséquences immédiates et différées de la crise sur les marges de manœuvre américaines vont affecter le positionnement stratégique des États-Unis en tant que « n° 1 » mais d'un n° 1 « placé sous contraintes ».

L'administration de Barack Obama, que celui-ci reste en place pour un mandat ou deux, et celle de son successeur auront à effectuer plusieurs grands choix.

Tout d'abord, Washington devra se positionner entre un repli pur et simple d'une part, et un redéploiement de sa posture stratégique d'autre part. Le repli dont il est question ici n'est pas l'isolationnisme de l'entre-deux-guerres, renforcé et aggravé par la Grande Dépression. Cette option n'est guère soutenable compte tenu des intérêts devenus planétaires des États-Unis. Elle n'a d'ailleurs guère de soutiens dans le monde politique. Les États-Unis n'envisagent pas de se défaire de leurs réseaux d'alliances dans le monde, contrairement à ce qui se passa à l'issue de la Première Guerre mondiale. Mais Washington peut être tentée de prendre du champ par rapport aux grandes crises régionales et aux défis globaux. Pour des raisons idéologiques, c'est ce qu'avait voulu faire l'administration Bush Jr au tout début de son premier mandat, à travers par exemple le refus de s'investir dans la résolution du conflit israélo-palestinien ou la non-ratification du traité de Kyoto. Les attaques d'Al Qaida le 11 septembre 2001 précipitèrent une tout autre attitude, avec l'intervention en Afghanistan et l'invasion de l'Irak : le militantisme néoconservateur l'emporta alors sur la posture initiale de George W. Bush. Le repli n'est certes pas la préférence idéologique du président Obama. Celui-ci n'était pas obligé de se plonger avec énergie sinon avec succès dans le chantier israélo-palestinien, de relancer les relations avec la Russie ou d'accentuer l'engagement américain en Afghanistan. On est donc apparemment loin d'un repli stratégique.

Cependant, compte tenu des contraintes budgétaires, des politiques américaines actives sur ces fronts-là et d'autres supposeront que Washington trouve de nouvelles façons de démultiplier son influence : l'unilatéralisme est coûteux et peu efficace, et le passage systématique par l'ONU peu probant vu le blocage des positions entre grandes puissances sur les problèmes du moment. Il faudra peut-être passer par la création de ce qu'en diplomatie on qualifie de « groupes de contact » : des clubs de puissances ayant des intérêts particuliers dans tel ou tel conflit régional, composés sur une base *ad hoc*. C'est ce qui s'est fait pour les conflits de l'ex-Yougoslavie et pour le dossier du nucléaire iranien. Le conflit afghan se prêterait naturellement à une telle approche, dès lors que l'OTAN et les États-Unis cesseraient de gérer l'affaire en « régie directe ». La revitalisation du « Quartet »[1], par rapport au conflit israélo-palestinien ou la création d'un club régional autour du golfe Persique relèveraient du même modèle. En bref, une façon pour les États-Unis

---

1. Formé par l'ONU, l'UE, les États-Unis et la Russie.

de tenter de rester au centre du jeu sans avoir à porter le fardeau que supposerait une prédominance sans partage ni à accepter les conséquences d'un repli. Ce choix raisonnable n'est pas, pour l'heure, celui de l'administration Obama qui paraît faire comme si les moyens économiques et la situation stratégique des États-Unis demeuraient ceux d'une époque révolue.

Ensuite, se pose la question fondamentale des rapports sino-américains. Ceux-ci ont déjà évolué du fait de la crise. Les États-Unis ont dû découvrir les vertus de la prudence politique et diplomatique afin de ne pas compromettre la poursuite du financement par la Chine de la dette américaine. Cette attitude se renforcera avec l'affirmation par la Chine de la nécessité de revoir la place du dollar comme monnaie mondiale de réserve et d'échange dans le système économique mondial. Or la place du dollar est un intérêt stratégique américain : le privilège dit de « seigneurage », à savoir la capacité américaine d'imprimer des dollars sans contrainte ni contrepartie, a permis aux États-Unis de financer au meilleur compte leur effort militaire, de la guerre du Vietnam à nos jours. Une étroite coopération entre Washington et Pékin pourrait impliquer un abandon par Washington de certaines de ses positions en Asie orientale (Taïwan, alliance avec le Japon, statut de la Corée réunifiée...) en contrepartie du respect par Pékin des intérêts mondiaux des États-Unis – une sorte de Yalta en Asie-Pacifique. Le précédent de Yalta nous enseigne aussi que ce type de collusion peut aussi se transformer en antagonisme, sinon en confrontation. À l'inverse, l'absence de relations étroites et confiantes entre la Chine et les États-Unis comporterait des risques mondiaux et régionaux encore plus évidents. Aussi, les États-Unis et la Chine ont-ils pour l'heure fait le choix d'un dialogue stratégique à spectre large. Cependant, la probabilité d'un « Yalta » asiatique s'accroîtra au fur et à mesure que la puissance de la Chine se renforcera et que s'installera l'habitude de son usage... Paradoxalement, la réticence de la Chine à supporter les coûts associés à une cogestion du monde dans un « G2 » en bonne et due forme permet aux États-Unis de ne pas être confrontés de façon brutale à des choix difficiles concernant leurs rapports avec la Chine.

Les États-Unis doivent enfin se déterminer par rapport aux « défis mondiaux », principalement le réchauffement climatique. L'administration Obama doit se positionner sur cette question, tout en gérant les risques géopolitiques et les problèmes économiques du moment. Si la politique de George W. Bush était en la matière celle du déni, Barack Obama a pris une position positive, en reconnaissant la nature et l'ampleur du problème à l'intérieur du pays comme à l'échelle de la planète. Dans le plan de relance de la nouvelle administration américaine, une fraction (49 milliards de dollars sur un total de 787 milliards sur deux ans) est consacrée à l'investissement dans les infrastructures de transport et l'amélioration des logements, domaines qui ont une composante environnementale. En ce qui concerne la dimension internationale, la bonne nouvelle, c'est que Hillary Clinton, secrétaire d'État, donne la priorité aux défis mondiaux. La mauvaise nouvelle, c'est que tel n'est pas, ou pas encore, le cas de la Maison-Blanche, submergée par un ordre du jour très différent : la crise et la politique de santé d'abord, la gestion des défis géopolitiques d'autre part (Afghanistan, Pakistan, Iran, Israël-Palestine, relations avec Pékin et Moscou). Une autre mauvaise nouvelle, et peut-être plus durable, est la relation difficile qui s'est établie entre le président Obama et un Congrès profondément polarisé en termes partisans, avec une majorité démocrate flottante. Or, il ne peut y avoir de diplomatie verte efficace sans l'assentiment du législateur : comme en matière de négociations commerciales internationales, c'est le Congrès qui a le premier et le dernier mot. La même contrainte législative risque fort de miner la relance pour l'écologie. Car s'il est vrai que l'on peut, et que l'on doit, plaider l'écologie comme un relais de croissance à terme – c'est ce qui se jouera par exemple avec la mise en place d'une nouvelle industrie automobile à base de voitures électriques –, dans l'immédiat, la lutte contre les gaz à effet de serre se traduira par des impôts supplémentaires, qui ont dans un premier temps une conséquence récessive au niveau économique, et par des réglementations politiquement plus gérables mais coûteuses pour les ménages et les entreprises obligés de s'équiper en conséquence. Aux États-Unis encore plus qu'en France, « écolo » rime avec « bobo » plutôt qu'avec « populo » dès lors qu'il est question d'argent et de contraintes. En période de crise, les coûts associés à celles-ci pèseront sur les comptes publics américains pendant une décennie sinon davantage, cela n'est pas anodin.

En termes diplomatiques, il y a ainsi d'assez fortes chances pour que les États-Unis jouent dans la pratique un rôle de frein dans les négociations sur l'après-Kyoto. Sur le fond, Washington ne se conduira probablement pas très différemment de Pékin, même si les invectives risquent de pleuvoir entre les deux capitales pour se rejeter mutuellement la responsabilité des lenteurs ou de l'échec de la lutte contre l'émission de gaz à effet de serre. Nous y reviendrons dans le dernier chapitre.

Sur le plan stratégique, il en résultera une prise de distance entre les États-Unis et l'Europe, cette dernière apparaissant par contraste comme parée de vertus malgré ses divisions et ses propres prudences. Par le passé, l'enjeu climatique n'était pas primordial, et les divergences euro-américaines en la matière n'avaient qu'un impact limité sur les relations transatlantiques. Pourtant, même ainsi, on se souviendra que l'annonce par George W. Bush peu après son investiture en 2001 du refus américain de ratifier le protocole de Kyoto provoqua un premier vif rejet de l'opinion publique européenne, notamment dans les pays nordiques et les îles Britanniques. À mesure que le réchauffement climatique passe du statut de sujet de préoccupation pour experts ou militants à celui de drame planétaire, une mésentente entre les États-Unis et l'Europe à ce sujet deviendra une réalité politique et le cas échéant stratégique.

III

LES ÉCLOPÉS DE LA CRISE : L'EUROPE ET LE JAPON FACE AU DÉCLIN

Il peut paraître paradoxal de classer dans la même catégorie la vieille Europe, d'où est partie la révolution industrielle il y a plus de deux siècles, et le Japon, qui atteint le niveau de développement de l'Europe de l'Ouest un siècle et demi plus tard.

Si la démocratie, avec diverses variantes, est présente dans les deux cas, tout comme des liens d'alliances avec les États-Unis, un gouffre les sépare en termes culturels et civilisationnels, sans parler de la géographie. Face à la crise cependant, l'Europe et le Japon se trouvent placés ensemble dans une situation malcommode : dans les deux cas la question du déclin, qui se posait avant la Grande Récession, prend une acuité nouvelle. On est loin ici de la situation de pays comme la Chine ou, sur un mode moins marqué, le Brésil, l'Inde et l'Indonésie ; mais le positionnement japonais et européen est aussi différent de celui des États-Unis.

Cette affirmation appelle une explication, étant donné l'état des finances publiques américaines à la veille de la crise, assez comparable à celui de la France en termes de poids de la dette et de déficit budgétaire. Qui plus est, le poids de la dette américaine est en train de s'accroître très rapidement, tout comme le déficit budgétaire : ce dernier aura dépassé – 11 % du PIB en 2009, contre – 8,2 % pour la France. Aussi il n'y aurait pas *a priori* de différence de nature mais seulement de degré entre la situation américaine et celle de ses partenaires européens et japonais.

À ce constat on peut opposer une triple objection. Le Japon, lui, est en tout état de cause dans une classe très différente de celle des États-Unis, avec 170 % de dette rapporté au PIB avant la crise contre 63 % aux États-Unis ; certains pays européens, et spécialement l'Italie, ont une trajectoire très similaire : même stagnation de la croissance (un peu plus de 1 % par an sur la période 1992-2004), même charge écrasante de la dette (113 % du PIB pour l'Italie à la veille de la crise). La Grèce et la Belgique supportent également une dette dépassant la valeur du PIB. Par ailleurs, la zone euro n'est pas un acteur de politique financière et économique comparable aux États-Unis. La Banque centrale européenne a certes la haute main sur l'émission de la monnaie et les taux d'intérêt de base ; c'est déjà beaucoup, car cela a permis à l'Europe d'éviter d'être ravagée par le chacun pour soi monétaire pendant la crise, à la différence de ce qui s'était passé pendant les années 1930. Mais pour le reste, rien de tel : pas de plan de relance à l'échelle de l'Europe, pas de politique budgétaire et fiscale commune. Autrement dit, en tant qu'entité collective, l'Europe est mal armée : déjà enlisée auparavant, la construction européenne risque d'être mise à mal par la crise. Nous y reviendrons. Par ailleurs, la fragmentation des réponses nationales en Europe réduit la capacité de chacun des États à relancer son économie : une relance vigoureuse mais isolée en France (ou en Allemagne) et ce sont les industries exportatrices de l'Allemagne (ou de la France) qui en tireront les bénéfices, et non pas l'activité et l'emploi dans le pays payant le prix de la relance. D'où, dans l'ensemble, des plans de relance nationaux « pesant » moitié moins en pourcentage du PIB que le *stimulus package* américain. Toutes choses étant égales par ailleurs, la capacité de rebond de l'Europe est moins importante que celle des États-Unis. Enfin, et ici les données sont moins quantifiables, intervient la dimension psychologique du rapport à la crise : pour les Européens, la crise est un vaste problème et rien d'autre, pour les États-Unis, elle est certes un problème mais aussi une occasion de renouveau.

Au-delà des atouts et des problèmes spécifiques des États-Unis, c'est cette différence d'attitude qui distingue les États-Unis de l'Europe comme du Japon face à la crise : pour les États-Unis, le déclin est un risque éventuel, pour l'Europe et le Japon, c'est une probabilité forte.

Commençons par le Japon, dont le cas est plus sévère mais aussi plus simple que celui de l'Europe avec ses nombreux États-membres et institutions complexes.

En bref, le Japon est passé de la catégorie de champion économique à celle d'un pays déclassé dans la plupart des domaines majeurs : l'économie, les finances publiques, le modèle social, la démographie, la gouvernance, la diplomatie, la stratégie ; ces éléments de déclin étant en partie liés entre eux.

L'économie japonaise a connu pendant sa phase d'envol – de la guerre de Corée (1950-1953) au premier choc pétrolier (1973) – un taux de croissance très proche de celui de la Chine moderne, avec un rythme annuel supérieur à 9 %. Avec le passage à un seuil de prospérité voisin de celui de l'Europe et des États-Unis, le Japon a ensuite connu une croissante plus modeste mais respectable de près de 4 % par an jusqu'à l'éclatement violent, à partir de 1990, de sa bulle immobilière et boursière. Depuis une vingtaine d'années, l'économie japonaise se traîne entre stagnation, récession, déflation et sursauts épisodiques, processus au terme duquel le PIB nominal du Japon est revenu à son niveau de 1989. En soi, il n'y aurait pas lieu d'exagérer la portée de cette stagnation : après tout, sur quoi peut déboucher un surcroît de croissance lorsque plus de 120 millions de Japonais ont un PIB par habitant comparable à celui de la France, et un indice de développement humain de 95,6 (sur un maximum potentiel de 100) comparable à celui des pays scandinaves les plus vertueux, et l'espérance de vie la plus longue du monde (près de 83 ans) ? Le Japon ne serait-il pas à l'avant-garde d'un monde qui ne pourra pas en tout état de cause croître à l'infini ?

Les autres éléments d'analyse ne confirment malheureusement pas une telle vision. En s'en tenant au seul registre économique, force est de constater que ce qui subsiste du dynamisme japonais est dorénavant directement tributaire de l'expansion économique chinoise. Grand producteur et exportateur de biens d'équipement dont la Chine a besoin, le Japon est désormais dépendant de la croissance chinoise pour échapper à une récession durable. Autrement dit, la non-croissance (comme alternative à la récession) repose au Japon sur la vigueur de la croissance de la Chine, son premier partenaire commercial. On est loin d'un « développement durable » à croissance faible dans le monde vert de l'après-traité de Kyoto ! Par ailleurs, la réalité immédiate du Japon, c'est une récession qui a été plus violente que celle des États-Unis et de la zone euro, avec − 12,7 % d'évolution du PIB en rythme annuel au plus fort de la crise (4e trimestre 2008).

Comme on l'a vu, les finances publiques japonaises sont dans un état qui est lui aussi exceptionnellement, et durablement, mauvais, interdisant tout retour à une croissance rapide par la demande intérieure : trop de déficits, trop de dette pour cela – et la dette japonaise continuera de s'accroître avec une prévision de 250 % du PIB en 2014. Resterait la ressource de mobiliser à des fins de relance l'immense épargne populaire accumulée sous forme de comptes chèques postaux et d'assurances-vie par une population qui vieillit rapidement. Équivalant à près des deux tiers du PIB, ce matelas de plus de 3 300 milliards de dollars est d'autant plus impressionnant que les Japonais ont appris à se défier de l'État lorsqu'il s'agit de prévoir ses vieux jours : environ 50 millions de dossiers de retraites ont été perdus par l'administration nippone, et ne pourront être que progressivement reconstitués. Cependant, une telle mobilisation de l'épargne serait limitée et problématique, de l'ordre de 70 % de ses actifs étant déjà recyclés sous forme d'obligations couvrant les dépenses de l'État.

Naguère le modèle social japonais était incontesté sinon toujours envié ; le plein emploi était la règle, l'emploi à vie une pratique largement répandue, le salaire médian était élevé et en croissance, les inégalités faibles. D'une certaine manière, le Japon était en termes sociaux une réussite statique et égalitaire se situant à l'opposé du modèle américain de réussite, reposant sur la mobilité et les inégalités. Dans les deux cas cependant, la valeur travail était honorée, jusqu'à l'excès : de longues journées et de courtes vacances... Aujourd'hui, qu'en est-il ? Avec près de 6 % de la population active à l'automne 2009, le chômage y demeure plus faible qu'aux États-Unis et en Europe (près de 10 %), mais historiquement c'est un record, probablement sous-évalué, étant donné le caractère inavouable du chômage dans une société où l'activité professionnelle est un identifiant social plus puissant qu'ailleurs.

Avant même la crise, le PIB japonais par habitant n'était plus qu'au 28ᵉ rang mondial en 2007 sur fond d'extension de la pauvreté (15 % de la population, soit davantage qu'aux États-Unis), de diffusion de la précarité (on ne parle plus d'emploi à vie) et de creusement des inégalités : le Japon se trouve à 0,39 en indice Gini de mesure des inégalités[1], un taux voi-

---

1. Un taux de « zéro » supposerait l'égalité parfaite des rémunérations, cependant que « 1 » traduirait une inégalité complète (tout étant concentré entre les mains d'une seule personne).

sin de celui du Royaume-Uni. Au début des années 1990, le coefficient japonais était de 0,249, ce qui faisait du Japon le pays le plus égalitaire au monde après le Danemark. Il y a une vingtaine d'années, le Japonais moyen gagnait 20 % de plus que son homologue américain. Aujourd'hui le rapport est exactement inverse. Sur le plan social, le Japon n'est désormais qu'une société industrialisée parmi d'autres et pas des mieux placées. Seul l'acquis impressionnant des années de croissance de 1950 à 1990 avait rendu le détricotage économique et social supportable depuis qu'il a commencé il y a près de vingt ans : avec la crise, la situation a cessé d'être acceptée sur le plan politique, conduisant en août 2009 à la première alternance électorale majeure depuis la fin de l'occupation américaine.

Du point de vue démographique, le Japon est le pays le plus vieux du monde, conséquence de plus de trente ans de faible natalité (avec un taux de fécondité de 1,3 enfant par femme en 2007), d'un allongement de l'espérance de vie qui demeure la plus élevée du monde, et de la faiblesse de l'immigration, légale ou clandestine, qui se heurte aux barrières de la géographie, de la législation et du rejet populaire. L'âge médian des Japonais (44,4 ans en 2009) est le plus élevé du monde, avec 30 % de la population âgée de plus de 60 ans (France : 22,7 %), 6,1 % de plus de 80 ans et quelque 40 000 centenaires… Le Fonds des Nations unies pour la population prévoit que la population japonaise passera de son pic de près de 128 millions en 2004 à environ 90 millions au milieu du siècle.

Malgré des mesures d'incitation à la natalité, aucun signe de ralentissement du vieillissement n'est en vue. Cette situation pèsera fortement sur la capacité de la société japonaise à générer de la croissance économique. Si certains aspects du cas japonais sont singuliers – le refus efficace de l'immigration –, il s'agit à bien des égards d'une préfiguration de ce qui va se passer ailleurs : à l'exception de la France, du Royaume-Uni et de la Scandinavie, l'Europe a un profil démographique qui suit, avec un décalage de 10 ou 20 ans, celui du Japon. En Asie, la Corée du Sud et surtout la Chine suivent la même voie, avec un immense « papy-boom » prévu en Chine à partir de 2025. Si le Japon du fait de sa démographie souffre d'un désavantage concurrentiel, d'autres pays sont donc concernés par le même problème, même si la Chine dispose pour le moment du temps et de la dynamique de croissance pour s'y préparer. De leur côté, les États-Unis, la France, le Royaume-Uni renouvellent leurs générations, et ceci indépendamment même de l'apport de l'immigration.

La gouvernance japonaise n'échappe pas à l'image de délabrement esquissée par ailleurs. Pendant les années de croissance, la gouvernance politique n'était certes pas un modèle de probité ou d'ouverture : la corruption y était largement répandue et le monopole quasi ininterrompu du Parti libéral démocratique (PLD) avait empêché pendant plus d'un demi-siècle tout renouvellement du système politique. Il reste que le Japon du PLD a produit de la croissance pendant des décennies, cependant que la fonction publique japonaise administrait avec efficacité le pays. Au fil des ans, la croissance a disparu cependant que la collusion entre un PLD indéboulonnable et la technocratie de gouvernement et d'affaires a cessé, aux yeux de la population, de produire de la bonne administration et de la bonne économie. Vingt ans de stagnation « couronnés » par la Grande Récession en 2008-2009 ont conduit l'électorat à balayer le PLD en août 2009 – il est passé de 303 à 119 sièges à la chambre basse de la Diète qui en compte 480 –, au profit du Parti démocrate (PDJ) qui est lui-même un composé hétérogène d'anciens hiérarques du PLD et d'opposants traditionnels issus de la gauche. Il reste à voir ce qu'il sortira de cette première vraie alternance politique dans le Japon moderne.

La traduction du déclin japonais est visible en termes diplomatiques et stratégiques. Loin d'être un « Soleil levant » concurrençant les États-Unis, le Japon se sent éclipsé par la montée de la Chine, menacé par le programme nucléaire nord-coréen (et, tacitement, par la perspective de l'unification des deux Corée), et placé dans une dépendance stratégique accrue par rapport aux États-Unis. Une éventuelle alternative nationaliste n'est guère d'actualité : en 1989, le fondateur de Sony, Akio Morita, et le maire de Tokyo Shintaro Ishihara avaient pu écrire *Le Japon qui peut dire non*. Aujourd'hui, il n'en est guère question.

L'observateur étranger pourrait être tenté de dire : « Et alors, pourquoi pas ? » Un Japon qui stagne à un niveau de vie malgré tout élevé, et qui vit paisiblement à l'ombre du parapluie stratégique américain et bénéficiant de la croissance chinoise, n'est une menace pour personne – ni pour l'équilibre stratégique en Asie, si important pour la paix et la prospérité du monde, ni pour lui-même. Malheureusement, un tel statu quo n'est pas durable. Si l'alternance politique d'août 2009 ne produit aucun changement intérieur substantiel, la population japonaise pourra être tentée par des voies plus radicales, en l'absence d'issues démocratiques efficaces. Surtout, le Japon sera de plus en plus tiraillé sur le plan stratégique, entre une Chine qui est devenue son premier partenaire commercial, la perspective de l'unité d'une Corée de 80 millions d'habitants animés par un rejet viscéral du Japon, et une garantie de sécurité américaine devenue plus difficile à assurer alors que le « moment unipolaire » des États-Unis est passé face à une Chine en voie de réarmement.

L'un des intérêts du « cas japonais » est de fournir une sorte d'avant-goût de ce qui pourrait attendre les sociétés européennes au lendemain de la Grande Récession, en l'absence de mesures fortes pour enrayer la logique du déclin et de la dépendance.

Certes l'Europe n'est pas ou pas encore, dans son ensemble, dans la situation du Japon. Cahin-caha, l'Europe a enregistré depuis la fin de la guerre froide un taux de croissance de l'ordre de 2 % par an. À l'exception de l'Italie et de quelques pays de moindre importance économique, nulle part la dette et les déficits budgétaires d'avant-crise n'ont encore approché les niveaux japonais. La démographie, déclinante en Allemagne, en Europe méridionale et orientale, y est raisonnablement saine ailleurs. Si l'immigration, voulue ou subie, pose ses propres questions, elle permet d'éviter en Allemagne et ailleurs le type de déclin démographique constaté au Japon. Nonobstant la montée des pays émergents et l'écart de croissance dont bénéficient les États-Unis, l'Europe conserve ses positions diplomatiques dans les grandes organisations internationales et notamment au Conseil de sécurité. Bien que diverse en termes de positionnement stratégique, l'Europe compte des États – la France et le Royaume-Uni – qui continuent d'avoir une capacité d'initiative politique et d'action militaire sur la scène internationale, qui reste supérieure à celle de la Chine, de l'Inde, du Japon ou du Brésil. L'autodestruction de la primauté de l'Europe pendant la première moitié du XXe siècle est un fait auquel avait succédé un nouveau *statu quo* : celui de l'Europe rebâtie, pacifiée et toujours influente de la deuxième moitié du XXe siècle.

La question est dorénavant de savoir si l'Europe pourra perpétuer cette situation dans le monde multipolaire de l'après-crise caractérisé par la montée de la Chine, de l'Inde et du Brésil, ou si elle entrera, elle aussi, dans la voie d'un déclassement à la japonaise. S'y ajoute la question, distincte mais fortement corrélée, de l'impact de la crise sur les marges de manœuvre stratégiques de l'Union européenne d'un côté, de ses voisins de l'espace ex-soviétique, notamment la Russie, de l'autre.

L'état de la dette intérieure des États européens interdit tout optimisme. Certes, il est possible d'arguer que la très forte augmentation de la dette publique due au traitement de la crise n'atteindra pas les niveaux constatés au Japon avant la crise : en 2010-2011, ni l'Allemagne, ni la France, ni le Royaume-Uni ne devraient voir leur dette dépasser les 100 % du PIB, alors que le Japon se situera au double. Cependant, les États européens n'intègrent pas, dans l'évaluation de leur dette, le fardeau des engagements futurs de l'assurance retraite. Nos pays pratiquent volontiers le « hors bilan » qui a tant pesé sur le sort des établissements financiers pendant la crise de 2008-2009. Or, ces engagements représentent, dans le cas de la France, de l'ordre de 900 milliards de dollars, l'équivalent de plus de 40 % du PIB, s'ajoutant aux 1 428 milliards de dollars de la dette « officielle » (73,9 % du PIB en 2009). Les prévisions actuelles du FMI prévoient pour la France une dette publique aux alentours de 100 % en 2017, tout comme l'Italie – et presque autant que les États-Unis (102 %). Seul le Japon fait franchement pire. On observera aussi que la dette publique japonaise est assez largement détenue par des personnes physiques et morales domiciliées au Japon : ce qui réduit la vulnérabilité du pays par rapport au marché international.

Naturellement, on pourra objecter, à bon droit, que notre fardeau peut être réduit au fil du temps, avec le recul prévisible de l'âge de la retraite, et la réduction des pensions servies… Cependant il y a des limites politiques à ce qui peut être fait en la matière, d'autant que l'allongement de l'espérance de vie pèse dans l'autre sens. Or, depuis la fin de la Deuxième Guerre mondiale, celui-ci se poursuit de près de 3 mois par an dans le cas français. Ce qui vaut pour la France vaut peu ou prou pour la grande majorité des pays européens. Or, dans la plupart de ces pays, le financement des retraites est assuré par la puissance publique. Le dilemme sera le même pour tous : un choix entre l'inflation (avec ses ravages sociaux) et l'austérité (avec son absence de croissance, l'alourdissement du fardeau fiscal et la réduction des services publics et sociaux). L'Europe est de ce point de vue d'autant plus mal placée qu'elle supporte déjà une charge fiscale très supérieure à celle des États-Unis et du Japon.

Pis, la crise aura non seulement alourdi le poids de la dette et creusé les déficits, mais dans le même temps elle a aggravé les divergences des politiques économiques des pays membres de l'Union européenne. D'une part, la crise a souligné les différences entre les États européens, l'Allemagne appliquant un schéma néomercantiliste comparable à celui de la Chine et du Japon (la croissance par l'exportation), la France comptant sur la consommation des ménages pour soutenir la croissance, le Royaume-Uni misant sur les services financiers, cependant que d'autres (notamment l'Irlande) jouaient sur le dumping fiscal pour attirer les investisseurs. Ces schémas ont survécu à l'impact de la crise et surdéterminent la nature de la réponse de chaque pays : l'Allemagne, fortement frappée par la chute de la demande chinoise et américaine, n'a eu de cesse de tenter de rallumer le grand export jusqu'à ce que se fassent opportunément sentir les effets de la relance en Chine ; la France a efficacement amorti le choc de la crise sur la croissance par le soutien à la consommation, quitte à creuser encore le déficit commercial ; le Royaume-Uni a « cassé la tirelire » pour sauver son secteur bancaire et financier hypertrophié. Chacun reprend son modèle et le reconduit. Cela risque fort de valoir aussi pour l'après-crise : l'Allemagne sera tentée par une bonne cure d'austérité (qui pèsera elle-même négativement sur les marges de choix des autres États de la zone euro, et spécialement la France), et le Royaume-Uni tentera de fabriquer des services financiers « comme avant ». Cette situation sera durcie par l'entrée en vigueur en 2016 de l'amendement constitutionnel allemand limitant à − 0,35 % du PIB le déficit budgétaire.

Surtout, dans une Union européenne très fortement ouverte au commerce extérieur, dont les deux tiers se pratiquent entre les États membres, il y a eu une forte réticence à promouvoir des plans de relance ambitieux, de crainte que cela ne profite d'abord aux entreprises et aux emplois des États voisins. En l'absence de plans de relance vigoureux comme ceux de la Chine et des États-Unis, cet état de fait laisse augurer une sortie de crise lente et médiocre. Bien que le PIB de la zone euro représente autant que celui des États-Unis et trois fois plus que celui de la Chine ou du Japon, l'Europe aura pesé à peine plus que le Japon dans la remise en route de l'économie mondiale en 2009.

En accentuant les clivages économiques entre États européens, la crise met en relief les limites − et le coût − des instruments politiques de la gouvernance européenne. L'Europe est entrée dans la crise avec les institutions établies par les traités consécutifs d'Union européenne des années 1990-2000 (Maastricht, Amsterdam, Nice), avec une Banque centrale européenne indépendante, une monnaie commune de 15 États membres sur 27, avec une Commission disposant du droit d'initiative de mesures exécutives. Certes, y manquaient les innovations du traité de Lisbonne, notamment en matière de politique étrangère et de présidence de l'Union ; cependant, leur absence n'a guère pesé sur le traitement de la crise. Le hasard du calendrier a fait qu'au plus fort de la crise financière la France a certes exercé, au second semestre 2008, une présidence active et constructive de l'Union. Dans la pratique, nous avons eu, malgré l'existence de la BCE et de l'euro – qui nous ont de fait préservés des ravages d'une crise monétaire – et d'une présidence vigoureuse de l'Union et malgré un affichage de solidarité, le « chacun pour soi, et la crise pour tous ». L'Union à travers la Commission et le Conseil n'a pu réunir ni les moyens d'une relance collective ni ceux d'une harmonisation conséquente des politiques nationales.

Cela incite d'autant moins à l'optimisme que les données juridiques, institutionnelles et politiques qui ont abouti à cette situation continueront de prévaloir. Le traité de Lisbonne, nécessaire et utile en matière de politique étrangère et d'élargissement, sera très vraisemblablement le dernier traité du genre avant longtemps. En effet, il aura fallu déployer près d'une décennie d'efforts pour aboutir à ce résultat, depuis le catastrophique traité de Nice (négocié en décembre 2000) jusqu'à l'entrée en vigueur du traité de Lisbonne (décembre 2009) en passant par l'échec du traité constitutionnel en 2005. Il n'y aura pas d'appétit pour relancer un tel « barnum » dans un avenir prévisible.

Ainsi, la capacité de l'Europe d'échapper au sort du Japon repose sur la combinaison d'institutions collectives ayant une prise limitée sur des politiques économiques et sociales, essentiellement nationales et souvent divergentes. En termes stratégiques, la question du bilan de la crise, ses déficits, sa dette, accentuera la division des États européens en quatre grandes catégories. D'abord ceux qui sauront retrouver le chemin de la croissance à court et moyen terme tout en conservant ou en se donnant les moyens d'agir au plan international. Pour l'instant, il n'y a aucun pays qui entre pleinement dans cette catégorie : l'Allemagne est économiquement plus vertueuse que d'autres mais plombée par sa démographie et dénuée de volonté d'influence extérieure ; le Royaume-Uni a cette volonté, mais pâtit de l'état de ses comptes publics et de ses banques ravagés par la crise ; enfin la France conserve des atouts diplomatiques et militaires substantiels, mais il lui manque aujourd'hui comme hier la capacité de mettre de l'ordre dans ses comptes publics et sa balance commerciale dont le déficit est, à hauteur de 2,2 % du PIB en 2009, devenu d'envergure « américaine ».

Deuxièmement, les pays entrés dans une spirale japonaise, avec l'Italie comme archétype. Les marchés financiers les regroupent sous l'aimable acronyme de PIGS (pour Portugal, Italie, Grèce, Espagne – *Spain*, en anglais).

Troisièmement, les petits pays susceptibles de tirer leur épingle du jeu, grâce à leur investissement humain et technologique dans les domaines porteurs de la mondialisation : le Danemark, la Suède, la Finlande notamment.

Enfin, au dernier rang, les cancres recherchant le voisinage du radiateur que constitue le FMI, à savoir les pays ayant joué au casino économique mondial sans en avoir les moyens : Irlande, États baltes, Hongrie... On notera que le sauvetage économique des pays européens non membres de la zone euro aura plus souvent été le fait des institutions mondiales que des institutions de l'Union européenne. L'Ukraine, la Serbie, la Roumanie, l'Estonie, la Lettonie ont été prises en charge par l'« ambulance FMI » même s'il y avait aussi des médecins et des brancardiers de l'Union européenne. Cela ne sera pas oublié dans la suite des opérations. Enfin, il y a tous les autres pays qui flottent entre ces archétypes.

Cette catégorisation illustre la diversité des destins face aux conséquences de la crise. Elle permet aussi de procéder à une évaluation de l'impact de la crise sur les choix stratégiques des États européens.

La crise a frappé avec une violence particulière la périphérie de l'Union européenne avec des effets stratégiques très variés. Chacun se souviendra de l'explosion en vol de l'Islande et de l'implosion bancaire de l'Irlande. Ces cas, spectaculaires, auront eu quelques conséquences. L'Islande, qui avait été un pseudopode stratégique des États-Unis jusqu'à la fermeture de la base américaine de Keflavik en 2006, avait commencé à nouer des liens militaires avec les membres européens de l'OTAN à la veille de la crise : les radars islandais ont été branchés sur le réseau de défense aérienne de l'OTAN alors qu'ils l'avaient exclusivement été vers le réseau nord-américain NORAD ; des avions d'interception européens, notamment français, font des rotations en Islande, parfois chatouillée de trop près par les bombardiers russes Tupolev-95. Il aura fallu l'effondrement de 2008 pour que Reykjavik se décide à demander l'entrée dans l'Union européenne. Quant à l'Irlande, c'est peut-être grâce à la crise, et à la démonstration pratique des bienfaits de la protection offerte par l'Europe, que le second référendum a débouché sur une large adaptation du traité de

Lisbonne qui a enfin été adopté en octobre 2009. Ces changements sont *a priori* positifs du point de vue de l'intérêt stratégique européen.

À l'est, la situation est nettement plus complexe. Certains États membres de l'Union, mais hors de la zone de l'euro, ont été bastonnés par la crise : Lettonie, Estonie, Hongrie, Roumanie, Bulgarie. Ici, les mécanismes de sauvetage ont fonctionné, et les effets stratégiques directs demeureront limités : les regards continueront de se tourner vers Washington (FMI) et Bruxelles (UE et OTAN). L'impact indirect pourrait être plus préoccupant : dans plusieurs des nouveaux pays membres de l'Union, les mouvements populistes, le plus souvent d'extrême droite, trouvent un terreau favorable avec la crise, même s'ils demeurent minoritaires : Ataka avec 9,4 % des voix en Bulgarie, Jobbik en Hongrie avec 14,8 %, par exemple. Xénophobie (souvent anti-Rom), rejet des élites anglophones postcommunistes, nostalgie pour la médiocrité simple des années précapitalistes forment un brouet aux relents peu appétissants. Il leur manque cependant la dimension qui avait rendu si dangereux les mouvements similaires des années 1930, à savoir l'ambiguïté de leur positionnement géopolitique le plus souvent prohitlériens ou promussoliniens à l'époque. Aujourd'hui, aucun de ces mouvements ne peut faire campagne sur une plate-forme prorusse, même si ils sont eurosceptiques : le souvenir de l'impérialisme soviétique reste universellement mauvais. Il peut résulter de la montée du populisme une difficulté accrue pour produire des décisions cohérentes dans une Union européenne déjà divisée. La différence sera cependant de degré plutôt que de nature dans une Europe à 27.

Le choc stratégique potentiel le plus sévère se situe plus à l'est, dans les États européens de l'ex-URSS : Ukraine, Bélarus, Moldova, auxquels s'ajoutent les républiques du sud du Caucase (Géorgie, Arménie, Azerbaïdjan) géographiquement situées en Asie. Pendant les quinze premières années de l'ère postsoviétique, le plus peuplé de ces États, l'Ukraine, avec ses 45 millions d'habitants et un territoire plus grand que la France, voulait clairement préparer une éventuelle entrée dans l'Union européenne, tout en étant divisée sur la question sensible d'une adhésion à l'OTAN. Le Bélarus et la Moldova jouaient leur propre jeu, avec des degrés divers de dictature et de trafics en tous genres. Moscou tentait partout d'étendre son influence grâce à ses ressources énergétiques et aux minorités russes, à travers la Transnistrie sécessionniste en Moldova ou les populations russophones d'Ukraine orientale. Au-delà du Caucase, la Géorgie avait ostensiblement choisi le camp occidental, l'Azerbaïdjan jouait à la fois avec l'Ouest et avec Moscou, cependant que l'Arménie s'assurait face à l'Azerbaïdjan musulman la protection militaire et politique de Moscou tout en s'appuyant économiquement et politiquement sur les diasporas d'Amérique du Nord et de France.

Au moment de l'effondrement de l'URSS, les forces géorgiennes avaient été refoulées de l'Abkhazie et de l'Ossétie du Sud, les forces arméniennes s'étaient emparées du Nagorny Karabakh, et les russophones avaient établi avec l'aide de l'armée russe une « république de Transnistrie » détachée de la Moldova. Une fois ces conflits « gelés », la situation n'évolua guère de 1992 à 2007. En 2008, tout se remet en mouvement, d'abord avec la guerre russo-géorgienne d'août, puis avec la crise.

Au premier abord, les événements militaires et financiers de 2008 auraient dû se solder en aval par une plus grande prudence de la Russie. En effet, la guerre de Géorgie d'août 2008 a coûté cher à la Russie, sur le plan économique et diplomatique. Avant même le déferlement de la crise financière et pétrolière, au lendemain de la guerre de Géorgie, la Russie a connu une fuite massive de capitaux, au rythme de plus de 10 milliards de dollars par semaine.

Diplomatiquement, la reconnaissance par la Russie de l'indépendance de l'Abkhazie et de l'Ossétie du Sud avait jeté un froid durable dans les relations avec la Chine, toujours sensible au séparatisme sous toutes ses formes, du Tibet au Kosovo, sans amener une « clientèle » nouvelle à la Russie : dix-huit mois plus tard, seuls le Nicaragua, le Venezuela et l'île de Nauru avaient reconnu le fait accompli. Même Cuba n'y avait pas consenti.

Pourtant, à Moscou, le bilan n'est pas apprécié de la même façon. Les coûts sont passés par pertes et profits : demeure la situation nouvelle créée sur le terrain aux dépens de la Géorgie, et le soutien politique de la population russe. Or sur ce double plan, le résultat est perçu comme positif.

La situation créée par la crise est encore plus paradoxale. De toute évidence, la Russie est une des principales victimes de la crise, avec une chute de l'ordre de 10 % du PIB en 2009 ; avec une croissance qui était naguère de 7 à 8 % par an, le coup de frein a été de près de 20 %, ce qui renvoie à une situation digne de l'Europe des années 1930. La crise a illustré la faillite de la politique conduite pendant les dix années de prospérité de 1999 à 2008 : rien n'avait été fait pour diversifier l'économie du pays et le rendre moins vulnérable à la volatilité des cours de matières premières. Plus du tiers des réserves de change et une grande partie du fonds de stabilisation créé pour amortir les chocs pétroliers ont été dépensés, l'essentiel en pure perte : à l'automne 2008, des dizaines de milliards de dollars versés par la Banque centrale russe pour défendre le rouble étaient en partie recyclées par les établissements récipiendaires pour spéculer contre le rouble… Sans doute cela a-t-il profité à quelques-uns, mais certainement pas à la Russie. Avec une telle contre-performance, un gouvernement ne peut guère espérer gagner en popularité. Pourtant, dans le domaine politique, la « verticale du pouvoir » du Kremlin a su retourner la situation à son profit, la crise étant présentée comme un produit d'importation américain, sinon comme un complot occidental contre la Russie. Certes, d'autres dirigeants politiques ont joué cette carte, tels le ministre SPD des Finances en Allemagne en septembre 2008 (« La crise du marché financier est essentiellement un problème américain ») ou le président Lula au Brésil, qui soutenait que « la crise a été provoquée par les comportements irrationnels d'hommes blancs aux yeux bleus » (mars 2009). Cependant, plus qu'ailleurs c'est en Russie que ce type de récit a été servi, les responsables de Moscou s'octroyant alors le rôle de sauveurs... Le gouvernement russe est sorti politiquement renforcé de la crise, tout étant fait par ailleurs pour ne rien laisser paraître des faiblesses bien réelles du pays. Dans les premiers temps, la crise en Russie était pratiquement niée par des médias complaisants. La lettre du président Medvedev de septembre 2009 pointant les failles économiques et sociales de la Russie post-soviétique est à cet égard atypique : elle peut être interprétée comme un défi vis-à-vis de Vladimir Poutine qui a aussitôt réagi en déclarant sa candidature aux élections présidentielles de 2012...

Malgré son impact économique et social, la crise ne conduit donc pas à un affaiblissement de la posture stratégique de la Russie ni à une modération de son comportement.

Dans les pays européens « intercalaires » entre l'Union et la Russie que sont l'Ukraine, le Bélarus et la Moldova, la crise a également frappé de plein fouet. Elle se traduit sur le plan intérieur par une désaffection croissante par rapport à une Union européenne jugée lointaine et inefficace et par un rapprochement avec la « Communauté des États indépendants (CEI), animée par la Russie. C'est ce que traduisent les sondages d'opinion : en 2009, en Ukraine et au Belarus, les partisans de la CEI sont désormais plus nombreux que ceux de l'intégration européenne. Cette évolution est confortée par une politique russe qui joint aux attributs traditionnels de la puissance une politique d'influence dynamique en termes médiatiques et humains. Ainsi y a-t-il deux fois plus de citoyens de ces pays travaillant ou résidant en Russie (16 millions) qu'au sein de l'Union européenne (8 millions). En temps de crise, l'ouverture des frontières russes compte, face à la politique de fermeture de l'« Europe des beaux quartiers ».

Ce glissement récent de l'opinion publique des pays du « glacis », sans être souhaitable du point de vue européen, serait normalement gérable. Après tout, si l'Europe est lente à se mouvoir, elle sait aussi mobiliser de grands moyens dans la durée, d'autant plus puissants qu'ils s'inscrivent dans une perspective à long terme d'adhésion à l'Union. C'est ce qui est arrivé en 2009 avec la nouvelle politique européenne de libéralisation des visas envers plusieurs pays des Balkans. Malheureusement, c'est le mot de « rupture » plutôt que de « glissement » stratégique qui risque de devoir s'appliquer dans l'espace postsoviétique, notamment pour ce qui est de l'Ukraine. Très touchée par la crise, politiquement éclatée en trois clans incapables de s'entendre sur les règles de gouvernance, l'Ukraine fait l'objet d'un rejet existentiel par une Russie qui n'admet pas l'indépendance de ce qui fut il y a mille ans le *Rus* originel. À cela s'ajoutent les fragilités inhérentes à l'Ukraine, parmi lesquelles le statut de la Crimée qui ne lui a été rattachée qu'en 1954 par Nikita Khrouchtchev et où se trouve la grande base navale russe de Sébastopol. Si la Russie veut provoquer une crise majeure avec l'Ukraine, elle dispose de tous les ingrédients nécessaires et de quelques mobiles.

L'une des conséquences les plus inquiétantes de la crise économique, c'est d'avoir accru les risques d'une telle rupture stratégique. Face à une telle perspective, l'Europe sera-t-elle unie ? Elle l'a été lors de la guerre de Géorgie mais seulement après que celle-ci a éclaté. Face à ce défi, l'Union avait su adopter une position claire dans la conduite de la crise politico-militaire et dans la gestion de ses conséquences mais avec des effets limités : les forces russes sont durablement installées en Abkhazie et en Ossétie du Sud. L'unité européenne, ou otanienne, risque de ne pas empêcher un éventuel conflit russo-ukrainien et de n'être pas efficace au cas où celui-ci éclaterait : c'est là malheureusement un des enseignements de la crise géorgienne.

Handicapée pour contrer un déclin à la japonaise, l'Europe est également limitée dans sa capacité d'action stratégique. Elle peut, directement ou via l'alliance otanienne, assurer la stabilité et la sécurité à l'intérieur de l'Union, mais il n'est pas du tout évident qu'elle puisse manifester sa puissance au-delà, face aux « forces qui vont », à la manière de la Russie face à ses voisins ou *a fortiori* la Chine à l'échelle de l'Asie-Pacifique et du monde.

IV

UNE CRISE PEUT EN CACHER UNE (OU PLUSIEURS) AUTRE(S)

Étymologiquement, le mot « crise » s'applique à un événement soudain, débouchant sur une issue paroxysmique : la crise financière du troisième trimestre 2008 correspondait exactement à cette définition. C'est de manière brutale que se déchaînent à l'époque krach boursier et infarctus du système bancaire international avec la faillite de Lehman Brothers, la disparation de Dexia, la nationalisation de fait d'AIG aux États-Unis et de la Royal Bank of Scotland, entre autres.

Cette crise prend fin au tournant de 2008-2009 avec les mesures américaines, européennes (dans la zone euro) et britanniques de sauvetage des banques, mettant un terme à la phase cataclysmique.

Sur le plan politique et symbolique, ce chapitre est clos avec la réunion du G20 à Londres en avril 2009. Pourtant, chacun sait que, après son paroxysme de 2008, la crise a non seulement continué, mais a aussi étendu ses effets dans l'économie réelle – c'est généralement au 2e trimestre 2009 que le fond est atteint en termes de « décroissance » dans les grands pays industrialisés – et en termes sociaux : le chômage augmente sur l'ensemble de 2009, alors même qu'un début de reprise intervient au printemps dans la plupart des pays. La crise devient ainsi synonyme de mal persistant ; et c'est dans ce sens que nous emploierons dorénavant ce vocable, appliqué aux problèmes durables et aux maux structurels affectant les pays et les peuples du monde alors même que prend techniquement fin la Grande Récession.

L'interaction entre la crise économique et les autres crise planétaires, notamment la pauvreté dans le monde, le réchauffement climatique ou la mondialisation n'est nullement univoque. Dans certains cas, leur croisement tend à atténuer, voire à annuler, les effets de la crise économique, alors que dans d'autres ce sont des phénomènes d'amplification qui menacent.

Dans tous les cas, le croisement des crises aggrave les risques de ruptures stratégiques, générateurs de mauvaises surprises en ce qui concerne la stabilité et la sécurité du monde.

L'une des bonnes nouvelles des deux années passées, c'est la relative bonne tenue de nombre des pays les plus pauvres face à la crise économique. Le fait peut surprendre dans la mesure où, dès le début de la crise, de nombreuses voix se sont élevées pour déplorer que, comme d'habitude, les plus pauvres souffriraient le plus. Ces craintes ont un fondement réel, au-delà des sentiments altruistes qui peuvent les motiver : un milliardaire qui a vu la moitié de son patrimoine disparaître pendant la crise reste très riche, alors que, quand un salarié au bas de l'échelle perd son emploi, il ne lui reste souvent que ses yeux pour pleurer. Pour les plus pauvres, une croissance réduite peut signifier le passage de la misère à la famine. L'observation vaut cependant davantage à l'intérieur d'un pays donné qu'en termes de comparaison entre les différentes parties du monde : il y a à des degrés divers des riches et des pauvres dans tous les pays, que ceux-ci soient industrialisés ou non.

La croissance des pays pauvres a, dans l'ensemble, été relativement moins affectée par la crise que celle des pays industrialisés. L'Inde – où vivent plus de pauvres que dans toute l'Afrique subsaharienne – connaît un taux de croissance de l'ordre de + 6 % en 2009. Le Bangladesh avec ses 150 millions d'habitants, dont l'immense majorité vit dans la misère, est à + 5,6 %. Il y a à cela une raison sociologique que l'on retrouve aussi dans l'Afrique subsaharienne : une immense paysannerie vivant en grande partie de l'agriculture vivrière, qui reste largement isolée des circuits bancaires et commerciaux internationaux. En Afrique, certes, de nombreux pays exportateurs de pétrole – Nigeria et Angola pour citer les plus importants – ont été frappés par la chute des cours des hydrocarbures. Mais les recettes pétrolières profitaient en tout état de cause plus aux oligarques qu'aux les masses populaires. L'Afrique du Sud, le plus industrialisé et le plus riche des grands États africains, a lui été atteint par la récession (–1,8 % en rythme annuel au 4ᵉ trimestre 2008), mais ce creux est le reflet de son niveau d'industrialisation et non de son sous-développement... Bien entendu, les situations varient d'un pays à l'autre, et d'un problème à l'autre. La hausse du prix des denrées alimentaires à la veille de la crise a été une catastrophe pour les masses urbaines pauvres des pays en voie de développement, d'où de dramatiques émeutes de la faim dans de nombreuses villes du Sud dans la période de surchauffe aux premiers mois de 2007. À l'inverse, la baisse subséquente de ces prix pendant la crise n'est pas une bonne nouvelle pour la partie de la population agricole du tiers-monde vivant de la vente de ses productions. Ensemble, ces processus, sur toile de fond de sous-investissement dans l'amélioration des rendements agricoles, ont provoqué une augmentation globale du nombre de personnes vivant dans la pauvreté.

Cependant, la crise économique n'a pas frappé les pays les plus pauvres davantage que les autres ; au contraire, on notera les bons scores de croissance dans certains de ces pays, parmi les plus importants, et cela même en ayant intégré leur forte croissance démographique.

Ces propos ne doivent pas donner à penser que les problèmes de ces pays ne sont pas dramatiques : ils le sont assurément. Simplement, la Grande Récession, dans la plupart des cas, ne modifie pas substantiellement leur situation. On ne peut pas en dire autant de la « bulle » qui a caractérisé l'économie mondiale en 2006-2007 : la hausse rapide des prix alimentaires a frappé de plein fouet les pays pauvres importateurs de denrées et les populations urbaines pauvres en général. En même temps, l'envolée du prix de l'ensemble des matières premières avait accru la corruption dans les États concernés tout en renforçant la pression des acteurs extérieurs – chinois, européens, américains – pour accéder, de gré ou de force, aux ressources de leur sous-sol. La compétition violente, parfois barbare, qui se livre en Afrique centrale pour le contrôle des gisements n'était pas un effet de la crise, mais de son contraire qu'a été la « bulle » des prix des matières premières pendant les années précédentes. S'il n'est pas certain que la crise réduise l'intensité de cette compétition géoéconomique, au moins n'y contribue-t-elle pas.

Ce constat d'ensemble, plutôt rassurant, ne s'applique malheureusement pas à l'interaction entre la crise économique et le défi planétaire que représente le réchauffement climatique. Ici, la tendance d'ensemble est négative. Pourtant, il y a à première vue des aspects positifs à la coïncidence de la crise économique et de l'urgence écologique. À court terme, la crise « fait du bien à la planète » en réduisant les émissions de CO_2 : l'Agence internationale pour l'énergie prévoit pour 2009 une baisse de 2,6 % des rejets de CO_2, liée à la contraction du PIB mondial. Cet effet mécanique de la crise est appréciable. En termes politiques, une telle baisse pourrait aussi faciliter la fixation d'objectifs ambitieux pour le traité qui est censé, à partir de 2012, remplacer le protocole de Kyoto. Malheureusement, dès 2010, les émissions de gaz à effet de serre devraient repartir à la hausse...

À plus long terme, on serait en droit de considérer qu'il y a une convergence potentiellement forte entre un défi climatique qui appelle des investissements « verts » et une crise qui requiert de trouver de nouveaux relais de croissance. Les projets de développement à grande échelle du solaire thermo-électrique du Sahara, la promotion de la voiture électrique et de l'infrastructure correspondante, la relance du nucléaire, la capture et la séquestration du carbone issu du charbon, la refonte écologique du bâtiment : de telles mesures et d'autres combineraient de façon positive la nécessité d'éviter à long terme le pire dans le domaine climatique, tout en ouvrant des gisements de croissance économique.

En théorie, c'est ce qui devrait se passer. Malheureusement, ce n'est pas, ou pas encore, la direction que prennent les pays économiquement et écologiquement les plus importants, et notamment les deux poids lourds que sont les États-Unis et la Chine qui représentent ensemble près de 30 % du PIB mondial et plus de 40 % des émissions de gaz à effet de serre.

À tout seigneur, tout honneur : depuis 2007, la Chine est le plus gros pollueur de la planète en termes de rejets de CO_2. Le gouvernement chinois a certes pris conscience des dommages que la Chine elle-même pouvait subir en l'absence de mesures politiques. Cela se traduit depuis peu par des campagnes vigoureuses de réduction de la pollution industrielle : en 2008, lors des Jeux olympiques, mais aussi en 2009, le ciel de Pékin était redevenu bleu une partie de l'année, et certains jours on pouvait à nouveau voir les montagnes. Pour la première fois, le président Hu Jintao a annoncé à la tribune de l'ONU en septembre 2009 que la Chine allait réduire la quantité de CO_2 produite par unité de PIB. L'objectif a ensuite été chiffré à 40-45 %. Le geste est bienvenu, même s'il devrait aller de soi dans la mesure où la Chine rejette trois fois plus de CO_2 par unité de PIB que les États-Unis, qui ne sont pourtant pas un modèle du genre, et cinq fois plus que l'Union européenne... Même en admettant que la Chine a une structure économique plus classiquement industrielle que les sociétés postmodernes d'Amérique, d'Europe ou du Japon, le « multiplicateur » de pollution chinois est atterrant – et se prête à des réductions techniquement aisées et économiquement abordables.

Malheureusement, le maintien d'une croissance chinoise forte, à 8 % ou plus, rendrait difficile sinon impossible toute politique de diminution en valeur absolue des rejets de gaz à effet de serre à court ou moyen terme. Le gouvernement chinois n'en prend d'ailleurs pas la direction. Il continue de s'abriter derrière l'argument selon lequel les pays émergents n'ont pas à subir des contraintes pendant leur phase de décollage économique, puisque les pays industrialisés n'ont pas eu à porter de fardeau en la matière, et que la grande majorité du gaz à effet de serre a été produit par les pays industrialisés. Ces arguments sont recevables et il faudra en tenir compte dans la négociation du traité qui succédera au protocole de Kyoto, par exemple en calculant à la fois le stock de gaz émis dans le passé et le flux de gaz rejeté au jour le jour. En attendant, la Chine n'a manifesté aucune volonté d'entrer dans ce type de transaction entre les stocks anciens et les flux actuels de gaz à effet de serre.

Cela interagit avec le deuxième très grand pollueur que sont les États-Unis. Si la Chine rejette plus de gaz à effet de serre que les États-Unis, ceux-ci sont largement en tête pour ce qui est des rejets rapportés au nombre d'habitants. Certes, sous Obama, l'Amérique reconnaît à la fois le problème que représente le réchauffement climatique et la nécessité de le résorber, à l'échelle nationale et internationale. En juin 2009, le président Obama a notamment obtenu l'adoption par la Chambre des représentants d'un plan de réduction de 17 % des émissions de gaz à effet de serre de 2005 à 2020. L'objectif est moins impressionnant qu'il n'y paraît, puisqu'il conduirait à une réduction de seulement 4 % par rapport à 1990 – alors que l'Union européenne a fixé un objecif de plus de

20 % par rapport à cette date de référence. Même si la proposition américaine est modeste, elle a le mérite d'avoir été formulée. Elle n'avait cependant toujours pas été adoptée par le Sénat au moment où ces lignes ont été écrites.

Aux États-Unis, la politique de lutte contre le réchauffement climatique relève pour l'essentiel de la procédure parlementaire, qu'il s'agisse d'adopter des mesures nationales ou de ratifier un accord international. Or la capacité de Barack Obama à engager un bras de fer avec le Congrès sur un chantier de cette importance est obérée à la fois par la très forte polarisation du Congrès et par les difficultés éprouvées à faire avancer les dossiers déjà engagés, notamment la réforme du système de santé. Avec des élections parlementaires en novembre 2010, les conditions ne sont pas des meilleures pour que la lutte contre le réchauffement climatique fasse l'objet d'une législation forte.

La crise et le coût de la crise ont été traités au Congrès comme une contrainte pesant sur la mise en œuvre d'une politique vigoureuse de lutte contre le réchauffement climatique : de nouvelles mesures réglementaires dans le domaine environnemental risqueraient de freiner la reprise, et un accroissement des investissements publics, ou des subventions, dans les technologies de lutte contre les rejets de CO_2 représenterait une charge trop lourde pour des finances très dégradées..

D'où la position en retrait des États-Unis au sommet de Copenhague sur l'environnement à la fin de 2009.

Dans ces conditions, il pourrait être tentant pour les Européens de cesser de se poser en parangons de vertu dans ce domaine. Après tout, si la Chine et les États-Unis, qui sont les principaux responsables de l'émission de CO_2, ne veulent s'imposer aucune contrainte sérieuse, pourquoi l'Europe réduirait-elle la compétitivité de ses entreprises et rognerait-elle le pouvoir d'achat des ménages en leur imposant des normes écologiques coûteuses et des impôts nouveaux du type « taxe carbone » ? De fait, les contraintes environnementales pèsent sur la compétitivité à court terme de certaines de nos industries – notamment l'industrie chimique régie par la très rigoureuse réglementation dite « REACH » de l'Union européenne –, favorisant leur délocalisation sous d'autres cieux. Certains responsables chinois n'hésitent d'ailleurs pas à dire que la pollution en provenance de la Chine est un fardeau imposé par les industries étrangères qui ont choisi de s'y délocaliser…

Céder à cette tentation serait cependant une erreur : si le réchauffement climatique représente la menace que décrivent quasi unanimement les scientifiques de toutes les disciplines concernées, les mesures de lutte finiront par être prises, fût-ce tardivement et plus douloureusement que ce qui aurait été possible. Les pays qui auront acquis le savoir-faire technologique, industriel et organisationnel bénéficieront d'un avantage comparé de premier ordre. À cet égard, l'enjeu que représentent, entre autres, la production et surtout la commercialisation de masse de voitures électriques sera un révélateur : les constructeurs et les pays qui auront su réunir les compétences et les infrastructures afférentes seront les champions de demain. À ce stade, cela peut être aussi bien le franco-japonais Renault-Nissan qu'un constructeur chinois ou autre. Ici, le vainqueur bénéficiera d'un relais de croissance impressionnant et d'un avantage économique appréciable. La même observation vaut pour d'autres percées « techno-écologiques » : la capture et le stockage de carbone

(CCS), la production et le transport à grande échelle de l'électricité d'origine thermo-solaire, etc. En termes stratégiques, il ne sera pas indifférent de savoir qui, de la Chine, du Japon, de l'Europe ou des États-Unis sera dans cette position dans dix ans. L'avantage écologique est pour la vieille Europe l'un des rares atouts dont elle dispose pour prévenir un déclin. Encore faut-il pousser cet avantage, en intégrant l'investissement vert dans la politique anticrise. Un tel pari sur la croissance verte supposera par ailleurs d'intéressantes remises en cause politiques, avec une érosion du clivage traditionnel entre les partis « productivistes » classiques et les Verts, hostiles par principe à la croissance économique.

Politiquement, l'affaire ne sera pas simple à gérer. Si l'Europe confirme et renforce les attendus du protocole de Kyoto, on assistera à des pressions croissantes pour que soient imposées des mesures de protectionnisme vert. Il est tentant de retourner contre la Chine (ou d'autres pays pratiquant le « dumping écologique ») l'argument mettant leur pollution sur le dos de « nos » industries délocalisées ; si l'on suit l'argument jusqu'au bout, il faudrait faire effectivement payer une « taxe carbone » aux produits ré-exportés vers nos pays par les industries transférées en Chine. Dans le jargon du sommet de Copenhague, ce type de barrière commerciale « vertes » s'appelle un « ajustement aux frontières ».

Si la rencontre entre le court terme de la crise économique et le long terme du défi climatique est un facteur nouveau, à l'issue incertaine, la rencontre entre récession et énergie est un grand classique, aux déroulements et aux leçons bien connus. Certes, par le passé, ce sont les problèmes énergétiques qui ont précipité la crise économique, alors qu'en 2008 les liens de causalité ont été plus équivoques. En 1973, l'embargo décrété contre certains pays (notamment les États-Unis) par les pays arabes exportateurs de pétrole à la suite de la guerre du Kippour, entraînant un quadruplement du prix du pétrole, avait brutalement sonné la fin des « Trente Glorieuses » : en 1974, les pays industrialisés connaissent tous une récession, et par la suite leurs taux de croissance se stabilisent à un niveau inférieur à celui des premières décennies de l'après-guerre. À partir de 1978-1979, la révolution islamique en Iran puis la guerre Irak-Iran (1980-1988) font monter les prix du baril de pétrole aux alentours de 100 dollars (en monnaie d'aujourd'hui), niveau qui ne sera franchi à nouveau que pendant la « bulle » spéculative de la fin 2007 à la mi-2008. Il en résulte une stagnation économique en Europe et, pour des raisons intérieures américaines, une récession aux États-Unis (1982-1983), le tout sur fond d'inflation : c'est ce que l'on a qualifié à l'époque de « stagflation ».

En 2007-2008, la montée en flèche du prix du baril (culminant à 147 dollars en juillet 2008) coïncide avec les débuts de la crise financière, cependant que le prix du brut commence à plonger avant même la tempête boursière de septembre-octobre 2008. Il est impossible ici de démêler l'ordre des facteurs : la crise économique a pu être aggravée ou hâtée par la montée en chandelle des prix du pétrole : c'est cependant la crise des *subprimes* et son extension à l'ensemble des services financiers qui a déclenché la Grande Récession.

Cependant, dans les trois cas cités, il y a des constantes que nous retrouvons d'ailleurs dans d'autres contextes historiques, par exemple la croissance et le déclin de l'Empire espagnol aux XVIe et XVIIe siècles.

Première constante : toute dépendance forte par rapport à une rente (pétrolière, minérale) a un effet d'éviction sur la production des richesses liées à la valeur-travail : l'agriculture est généralement sinistrée (les cas du Venezuela et du Nigeria sont caricaturaux à cet égard), et l'industrie est pénalisée par la surévaluation monétaire. Il faut avoir des institutions démocratiques particulièrement robustes et un électorat extraordinairement sage pour éviter les effets les plus néfastes de ce que l'on qualifie de *Dutch Disease* (la maladie hollandaise) depuis la découverte de gaz naturel en Frise dans les années 1960 : même les Pays-Bas avaient eu du mal à éviter la langueur économique que provoque l'effet de rente. Ce type d'effet a joué à fond en Russie, qui n'a pas su, pendant les dix années de vaches grasses pétro-gazières, diversifier son industrie et développer son agriculture. Aussi la crise l'a-t-elle frappé avec dureté (cf. chapitre III). Pour un pays comme le Brésil, la découverte de très importants gisements pétroliers n'est pas forcément une bonne nouvelle.

Deuxième constante : parce que la rente pétrolière est territoriale par nature, elle s'inscrit le plus souvent dans le cadre d'une politique d'État. Ce sont presque toujours les États qui ont la haute main sur l'attribution des autorisations de prospection, de développement, d'exploitation et de distribution du pétrole et des produits pétroliers. Il y a là une formidable source de richesses qui peut aisément être confisquée par un tout petit nombre de personnes dans les sphères les plus élevées d'un État, ce qui permet de se passer de procédures démocratiques d'élaboration et d'adoption d'un budget national. Par ailleurs, la rente, si elle est suffisamment importante, peut se substituer à l'impôt. Prises ensemble, ces deux données expliquent pourquoi la plupart des États fortement dépendants de la manne pétrolière sont au mieux des oligarchies corrompues, au pire des dictatures autocratiques qui le sont tout autant.

En termes stratégiques, cela donne des régimes qui peuvent d'autant plus facilement se lancer dans des aventures qu'ils en ont les moyens financiers et qu'ils n'ont pas à en répondre auprès du peuple. Les guerres de Saddam Hussein (1980-1988 contre l'Iran, 1990 contre le Koweït) ou les visées tchadiennes et nucléaires du colonel Kadhafi pendant les années 1980 et 1990 en sont des illustrations, tout comme la politique nucléaire de l'Iran. Certes, les démocraties sont elles aussi sujettes à de tels errements, mais il y existe des contrepoids.

Troisième constante : parce que l'effet de rente entrave la diversification économique, les pays pétrogaziers souffrent, sur le long terme, de taux de croissance plus faibles que les autres types d'économies. Cette thèse a été avancée et défendue de manière convaincante par Iegor Gaïdar, Premier ministre de Russie sous Boris Eltsine et spécialiste de statistiques économiques de formation. Les puissances pétrogazières sont, par construction, en déclin relatif par rapport à des pays à l'économie diversifiée.

Il n'y a pas de raison particulière pour qu'il en aille différemment après la Grande Récession.

La dernière grande interaction que nous évoquerons ici concerne celle qui se produira entre la crise économique et l'ensemble de processus et de phénomènes qualifiés de « mondialisation », terme né au début des années 1960. Ici, la situation différera de ce qui s'est produit dans le passé : lorsque la crise frappait, les barrières commerciales s'élevaient, et les échanges de toute nature entre nations se contractaient. L'exemple le plus achevé est celui de la Grande

Dépression des années 1930. Les échanges commerciaux reculent alors massivement et dans la mesure où ils se poursuivaient, cela s'est passé soit à l'intérieur de blocs régionaux (la « préférence impériale » de l'Empire britannique notamment), soit dans le cadre d'accords bilatéraux d'État à État, avec notamment les accords de *clearing* entre le IIIe Reich et ses « partenaires » d'Europe centrale et orientale. Le libre-échange était mort et les investissements transfrontières ne se portaient pas beaucoup mieux. De même, les flux migratoires disparaissaient pour l'essentiel, remplacés plus qu'imparfaitement par le difficile exode de populations persécutées. Il faudra attendre les années 1980 pour retrouver, en proportion du PIB et de la population mondiale, le niveau d'échanges commerciaux, d'investissements directs à l'étranger et de migrations qui existaient avant la guerre de 1914.

Ce type de précédent pourrait amener à prévoir la fin, ou pour le moins la rétraction, de la mondialisation. À l'appui de cette idée, on notera la réduction des échanges commerciaux en 2008 (cf. chapitre I), la chute des investissements directs à l'étranger (1 300 milliards de dollars en 2008 contre 1 700 milliards en 2007) et le ralentissement des flux migratoires d'Amérique latine vers les États-Unis, d'Europe centrale vers le Royaume-Uni ou du sous-continent indien vers le golfe Persique.

L'actuelle mondialisation se distingue cependant de l'internationalisation de l'économie au XIX\ :sup:`e` siècle par la place centrale qu'y occupent l'information (son recueil, son traitement, sa dissémination et son exploitation) et les communications. La crise n'affecte apparemment pas la propension et la capacité des peuples même les plus pauvres à s'équiper en téléphones portables et en accès à Internet. En 2008-2009, plus de 90 millions de nouveaux abonnements au téléphone portable en Afrique, soit un habitant sur dix, avec une augmentation de 32 % par rapport à l'année précédente. Même évolution en Inde : 127 millions d'abonnés supplémentaires en un an, et un accroissement de 52 %. Il y a désormais plus de 3,6 milliards d'abonnés dans le monde, dont plus des deux tiers dans les pays pauvres ou émergents, soit plus de la moitié de la population mondiale. Il ne s'agit pas d'un achat frivole par des populations qui n'ont qu'un pouvoir d'achat restreint. Au niveau individuel les communications permettent aux agriculteurs, aux pêcheurs, aux artisans même les plus modestes d'être informés rapidement sur les meilleures possibilités d'organiser et d'écouler leur production ou de s'approvisionner. Collectivement, il en résulte un apport substantiel à l'économie, avec un surcroît de croissance évalué à 0,8 % pour un taux de pénétration de + 10 % en téléphones portables dans les économies émergentes. Or on a vu que, dans le cas de l'Afrique et de l'Inde, le taux de pénétration s'est accru de 30 à 50 % en une seule année…

C'est une explication partielle à la bonne tenue des économies des pays pauvres dans la crise.

La pénétration d'Internet est plus directement liée à la distribution générale de l'électricité et à la capacité d'acquérir un ordinanteur dont le prix reste relativement élevé (plusieurs centaines de dollars). Aussi y a-t-il encore une « fracture numérique » s'agissant d'Internet – et *a fortiori* pour l'accès au haut débit –, alors que celle-ci a pratiquement disparu pour ce qui est de la téléphonie mobile. Cependant, la même évolution se produit en la matière avec un décalage d'une dizaine d'années. La Chine, bien que son PIB par habitant ne soit que le douzième de celui des États-Unis, compte désormais plus d'internautes que les États-Unis ou l'Europe. Un quart des habitants de la planète est aujourd'hui connecté à Internet.

L'évolution dans le secteur des transports est moins linéaire : la crise a provoqué une baisse du nombre des passagers des compagnies aériennes. Cette réduction frappe cependant davantage les pays industrialisés que le tiers-monde. Surtout, cette réduction (– 4,1 % en 2009) épouse, grosso modo, les contours de la Grande Récession : une fois celle-ci passée, la réalité persistante sera celle d'un monde où le transport aérien est bel et bien devenu un phénomène de masse. Il est ainsi prévu que le nombre de passagers augmente de 4,5 % en 2010. Environ 2 milliards de passagers ont été acheminés par la voie des airs en 2008, certes encore largement concentrés en Amérique et en Europe ; mais aussi plus de 200 millions de personnes en Chine et 55 millions en Inde par exemple.

Développement et diffusion exponentiels des technologies de l'information et des communications, mobilité physique confirmée d'une grande partie des populations du monde : ces données qui sont au cœur de la mondialisation contemporaine ne sont pas mises en cause par la crise et, même, les pays émergents trouvent dans l'adoption accélérée des technologies de l'information des relais de croissance bienvenus pour compenser la baisse de la demande en provenance des pays industrialisés, dont les marchés sont, par ailleurs, en voie de saturation quant aux technologies de l'information.

Il n'y a donc pas lieu de s'étonner de la poursuite d'autres processus liés à la mondialisation : urbanisation accélérée de la planète, diffusion rapide des maladies infectieuses, sans parler de l'exploitation des outils de l'information et des communications à des fins terroristes et criminelles. La crise ne modifie pas dans son essence le potentiel de ruptures stratégiques que recèle la mondialisation. Les ruptures stratégiques sont le produit des défis et risques, plus ou moins prévisibles, qui à partir d'une zone restreinte acquièrent une dimension mondiale, et dont la nature d'origine (catastrophe naturelle, épidémie par exemple) peut se muer en menace globale. En retardant les mesures susceptibles de lutter efficacement contre le réchauffement climatique, la crise peut aggraver les risques de rupture stratégique : les difficultés croissantes de l'accès à l'eau dans les mégapoles comme dans les campagnes du tiers-monde, ou la montée du niveau des océans au bord desquels se trouvent la plupart des cités géantes d'Asie et d'Afrique, en sont des vecteurs potentiels.

Ainsi, la crise ne contredit ni n'atténue les effets positifs ou négatifs de la mondialisation ; elle peut à l'inverse les renforcer.

Face à l'ensemble de ces défis, les réponses, pour être efficaces, impliqueront une gouvernance mondiale renforcée. À cet égard, la crise a produit au moins une conséquence heureuse, à savoir la transformation du G20 – un cénacle technique créé à la suite de la crise asiatique de 1997-1998 – en une instance politique de haut niveau remplaçant dans la pratique un G7 ou G8 qui avait cessé de refléter l'évolution des rapports de force économiques et politiques dans le monde. Malgré une composition géographiquement et culturellement diverse, le G20 est parvenu, lors de ses trois réunions au niveau des chefs d'État et de gouvernement (Washington, novembre 2008 ; Londres, avril 2009 ; Pittsburgh, octobre 2009), à tripler la capacité de prêt du FMI et à renforcer la représentation des pays émergents dans cette organisation, à attaquer la question des paradis fiscaux et à aborder, fût-ce avec un succès limité, la régulation du secteur bancaire et des rémunérations qui y sont pratiquées. Rien n'interdit de penser que le G20 étendra avec le temps ses délibérations à des questions politiques et à des sujets comme le réchauffement climatique.

L'expérience du G7 ou G8 qui a suivi ce genre d'évolution à l'époque de sa grandeur tend cependant à montrer que ce type d'organisation a des limites relativement étroites, faute d'une assise juridique et politique forte : la plupart des pays qui ne font pas partie du G20 tout comme les cinq membres permanents du Conseil de sécurité de l'ONU ne permettront pas au G20 d'empiéter sur leurs prérogatives politiques et institutionnelles. Le changement climatique sera d'abord traité dans les instances onusiennes, les problèmes de sécurité internationale continueront d'être principalement gérés, plus ou moins bien, au Conseil de sécurité.

Le système des Nations unies continuera d'être au centre de la gouvernance mondiale, avec toutes ses limites. Dans le meilleur des cas, ce système fonctionnera comme il l'a fait dans le passé récent. Dans le pire des cas, l'ONU et les institutions verront leur autorité érodée, par manque de représentativité du Conseil de sécurité dans un monde multipolaire, ou par l'absence d'un accord substantiel entre États membres sur des questions telles que le réchauffement climatique. Aussi, ce qui se joue dans les négociations internationales sur ces sujets, c'est aussi dans une large mesure l'avenir de la gouvernance mondiale.

NE COURS PLUS, CAMARADE, LE VIEUX MONDE EST DERRIÈRE TOI

Pendant les journées de Mai 1968, un des slogans repris par les révolutionnaires en herbe disait : « Cours, camarade, le vieux monde est derrière toi ! » À l'époque, la formule visait les vieux ou supposés tels des générations précédentes plutôt que l'ordre géopolitique. Aujourd'hui, la crise questionne avec brutalité les pays anciennement industrialisés dont la population est par ailleurs vieillissante. Reste à savoir si l'injonction des soixante-huitards vaut dans ces circonstances. L'accélération de l'Histoire que constitue la Grande Récession de 2008-2009 débouche sur quelques enseignements essentiels. Nous en retiendrons sept.

En premier lieu, la crise confirme avec vigueur et accélère l'arrivée (ou le retour) sur la scène mondiale des pays dits émergents disposant d'une base économique diversifiée. Si la Chine est, malgré les incertitudes entourant l'avenir de sa gouvernance, le *primus inter pares* des vainqueurs de la Grande Récession, elle est suivie en bon ordre par l'Inde, l'Indonésie et le Brésil. Ces quatre pays regroupent plus de 40 % de la population mondiale. Si l'économie de la planète a connu sa première récession depuis plus de 70 ans, près de la moitié de l'humanité y a échappé, en termes de moyennes statistiques du moins. La crise aura hâté l'arrivée aux premiers rangs de pays par ailleurs sous-représentés dans les institutions internationales : l'Inde ou le Brésil font désormais figures de grands !

Deuxième proposition qui tranche avec l'expérience des années d'expansion précédant la Grande Récession : dans cette crise il vaut mieux être peuplé et disposer d'un grand territoire (situé de préférence en Asie) que d'être un petit pays, dont l'insularité est un facteur aggravant. Parmi les pays les plus précocement et sévèrement touchés par la crise ont figuré l'Islande, l'Irlande, la Hongrie, les États baltes, Singapour ou Dubaï. Le fait d'être petit a été un vrai désavantage, surtout lorsque cela était, comme souvent, synonyme d'exposition forte aux flux commerciaux et bancaires du marché mondial. Ces caractères intrinsèques peuvent aussi jouer non moins rapidement en sens inverse en cas de reprise : Singapour ou Hong Kong ont retrouvé vite et fort les chemins de la croissance. En attendant sur les dix pays les plus peuplés du monde, six ont échappé à la récession dont cinq se trouvent en Asie. Parmi les « grands », ceux qui s'en sortent le mieux sont les pays émergents ayant une base économique diversifiée : la Chine s'envole, l'Inde caracole, et le Brésil s'en tire plutôt bien. Ce dernier a deux belles occasions de confirmer son décollage comme acteur global, avec la Coupe du monde de football en 2014 et les Jeux olympiques en 2016. Reste à voir si la criminalité, les inégalités et la nouvelle manne pétrolière ne bloqueront pas son élan.

Troisième constat, qui tempère l'adage selon lequel il vaut mieux être riche et bien portant que pauvre et malade, la crise a moins frappé les pays les plus démunis, du moins lorsque ceux-ci n'étaient pas fortement pétro-dépendants. La combinaison de populations vivant en grande partie en dehors des circuits

Pays	Population (2007) en millions	Taux de croissance 1er juillet 2008/ 30 juin 2009
Chine	1 331	+ 7,9 %
Inde	1 135	+ 6,1 %
États-Unis	303	– 3,8 %
Indonésie	228	+ 4,0 %
Brésil	191	– 1,2 %
Pakistan	165	+ 3,7 %
Bangladesh	147	+ 5,6 % (2009)
Russie	142	– 10,9 %
Nigeria	137	+ 2,9 % (2009)
Japon	128	– 5,7 %

commerciaux et financiers internationaux et de l'accès accéléré de ces mêmes populations aux technologies de l'information et des communications a permis à la majorité des pays à revenu faible de traverser sans trop d'encombre la Grande Récession. La pénétration explosive de la téléphonie mobile et d'Internet dans les pays pauvres a contribué à soutenir la croissance.

Quatrième point : le pétrole et la dépendance par rapport aux matières premières en général se sont à nouveau avérés être un malheur. La crise a accentué les méfaits d'une telle dépendance. Le passage du pic des prix des hydrocarbures et des minerais à l'été 2008 au tréfonds atteint à la fin de cette même année a constitué un traumatisme de premier ordre, bien supérieur aux conséquences qui découlent d'évolutions identiques étalées dans le temps. La contre-performance de la Russie en a été la manifestation la plus spectaculaire : de tous les grands pays, c'est la Russie qui a subi le plus fort revers de croissance.

Cinquième constat : il y a péril en la demeure pour le Japon (mais celui-ci a déjà vingt années d'expérience du déclin) et pour l'Europe. Le continent européen n'a pas traversé plus mal la Grande Récession que les États-Unis et *a fortiori* la Russie. Nos faiblesses structurelles pèsent cependant sur notre capacité de rebond. Rigidités économiques et sociales, poids de la dette et des déficits, dispersion des efforts de relance, absence d'un « collectif » politique et stratégique, démographie défavorable dans la majorité de nos pays : ces facteurs et d'autres s'accumulent d'une façon que nous ne retrouvons pas au même point aux États-Unis, sans parler des grands pays émergents. Nous avons devant nous le miroir que constituent les deux décennies perdues du Japon pour nous donner une idée de ce à quoi pourrait ressembler notre déclin, si rien n'est fait : moins d'emplois, moins de revenus, et un déclassement politique et stratégique.

Sixièmement, le croisement des effets de la crise économique avec les défis planétaires à plus long terme, spécialement le réchauffement climatique, débouche sur un constat négatif : les efforts à consentir pour sortir de la Grande Récession ne favorisent pas dans l'immédiat la mobilisation de ressources budgétaires contre le rejet des gaz à effet de serre. Mais il y a aussi une chance à saisir : la lutte contre le réchauffement climatique servira de relais de croissance, et de facteur de puissance, y compris stratégique, à ceux qui sauront avant les autres développer à grande échelle les technologies correspondantes, avec la voiture électrique, la capture et le stockage du carbone, l'énergie solaire, le nucléaire nouvelle génération, etc. Reste à faire le nécessaire pour se placer. Napoléon disait que la victoire allait aux gros bataillons ; si tel était le cas en matière technologique et industrielle, ce sont les pays qui consentent un gros effort de recherche et de développement seraient les mieux placés : États-Unis, Japon, Corée du Sud notamment, davantage que l'Europe ou la Chine. Mais tout comme Napoléon démontrait assez souvent dans la pratique que la victoire n'allait pas toujours aux gros bataillons, l'orientation et la focalisation de dépenses de R&D ne compte pas moins. À cette aune-là, l'Europe a peut-être encore ses chances.

La concentration d'une partie des ressources du « grand emprunt » français sur l'investissement d'éducation et de recherche, notamment verte, est encourageante, même s'il lui manque la dimension européenne.

Enfin, le monde des lendemains de la Grande Récession sera encore plus instable, plus sujet à ruptures stratégiques. Les équilibres stratégiques en Asie, qui sont aujourd'hui au centre de la prospérité et de la stabilité du monde, sont mis au défi par la montée de la Chine, le déclin du Japon et les limites de la puissance américaine. L'interaction de l'Europe avec la Russie, les conflits qui continuent, crise ou pas crise, d'agiter le Moyen-Orient sur fond de prolifération des armes nucléaires seront rendus plus incertains, plus difficiles à gérer dans la période qui vient. La tentation pourra être forte pour les « camarades » de courir très loin de ce monde-là.

Nous savons, ou nous devrions savoir, qu'il ne s'agit pas là d'une option. Le monde n'est certes pas devenu « plat » comme le promettait Thomas Friedman il y a peu, et Francis Fukuyama lui-même sait que l'histoire n'y a point pris fin. C'est Marshall McLuhan qui avait raison à la veille des révoltes du printemps 1968 : le monde est devenu un village, avec ses complexités, ses coins d'ombre, ses jardins secrets, ses luttes intestines. Dans un village, il n'y a pas d'échappatoire, et il ne sert à rien aux camarades de courir. À tout prendre, mieux vaut faire front. Pour un pays comme le nôtre, cela signifie l'investissement dans les moyens de connaissance et de compréhension des évolutions traversant notre planète et notre région, cela implique la capacité de convergence avec nos partenaires géographiquement et historiquement les plus proches dans le projet européen, cela suppose la capacité d'agir par l'influence et parfois par la force avec nos alliés en cas de surprise stratégique, cela passe enfin par la focalisation de nos marges de manœuvre financières sur les technologies porteuses d'avenir.

C'était déjà vrai avant la crise : après la crise, il n'est plus possible de l'ignorer.

TABLE

Pour l'éditeur, le principe est d'utiliser des papiers composés de fibres naturelles, renouvelables, recyclables et fabriquées à partir de bois issus de forêts qui adoptent un système d'aménagement durable.

En outre, l'éditeur attend de ses fournisseurs de papier qu'ils s'inscrivent dans une démarche de certification environnementale reconnue.